T.L. Osborn
LaDonna Osborn

M irable
Life
Now

New

새롭게 시작하는
기적 인생
New Miracle Life Now

티 엘 오스본 · 라도나 오스본 지음

박미가 옮김

믿음의 말씀사

새롭게 시작하는 기적 인생
(New Miracle Life Now)

1판 1쇄 인쇄일 · 2008년 3월 10일
1판 1쇄 발행일 · 2008년 3월 13일

지 은 이 티 엘 오스본 · 라도나 오스본
옮 긴 이 박 미 가
발 행 인 최 순 애
펴 낸 곳 믿음의 말씀사
주   소 경기도 용인시 기흥구 마북동 323-4
전화번호 (031) 8005-5493 FAX : (031) 8005-8897
홈페이지 http://faithbook.kr
          http://www.jesuslike.org
출판등록 제68호 (등록일 2000. 8. 14)

ISBN 89-90836-57-3 03230
값 8,000원

바치는 글

우리는 본서를 다음과 같은 독자들에게 바칩니다. 먼저 피부색, 성별, 국적, 종교, 살아온 배경에 관계없이, 인생과 죽음에 대해 불안한 마음을 갖고 살고 있고, 죽음 후의 삶에 대해 의문을 갖고 살아온 사람으로, 이 책을 읽으려고 하는 사람에게 이 책을 바칩니다. 그 다음으로, 어떤 사람들의 주장처럼, 하나님이 정말로 당신을 사랑하시고 당신의 삶에 도움을 주기 원하시는 분이시라면, 그런 하나님을 알고 싶어서 이 책을 든 사람에게 이 책을 바칩니다. 마지막으로, 전능하신 분이 주시는 기적 생명을 받고 싶어서 이 책을 읽으려고 하는 독자에게 이 책을 바칩니다.

옛적에 기록된 성경을 인용해야 할 경우, 가장 쉽게 풀어서 번역한 성경의 영어 번역본들을 택했습니다. 하나님을 모르는 독자들에게 성경의 뜻을 확실히 전달하기 위한 목적으로, 성경 인용구의 어떤 부분은 축소하였고, 개인화하였고 또한 의역하였습니다. 필요하다고 생각될 경우, 인칭과 시제를 바꾸기도 하였습니다.

성경 인용구 끝 부분에는 인용 성경의 명칭과 장, 절을 표시해 놓았으니 정확한 인용문이 필요하면 직접 성경을 찾아보기 바랍니다.

저 자 들

역자의 말

 이 책을 번역할 수 있도록 하여주신 예닮교회 김진호 목사님께 깊이 감사를 드립니다.

 이 책은 예수에 대해 전혀 모르는 사람들이 복음을 쉽게 이해하여, 예수를 받아들이도록 하는 정말로 좋은 책입니다. 이 책을 통해 예수 그리스도를 모르고 하나님을 모르는 사람들이 하나님을 믿게 되는 일들이 많이 일어나기를 간절히 소원합니다. 이 책을 진지한 태도로 읽는 사람들은 하나님은 살아계시고 우리에게 영원한 생명을 주시는 분이시라는 사실을 확실히 알게 될 것입니다.

 하나님을 모르는 사람들이 이 책의 내용을 쉽게 이해함으로 인해 하나님을 알게 되도록 하기 위해, 되도록이면 쉬운 말로 번역하고자 노력하였습니다. 동일한 이유에서, 성경의 인용문들은 역자가 본서를 토대로 이해하기 쉬운 언어로 번역하였음을 밝힙니다.

2007년 여름
역자 박 미 가

목 차

시작하는 글		13
제 1 장	종교, 종교 의식, 아니면 실제?	19
제 2 장	발견	33
제 3 장	지금 받는 기적 생명	41
제 4 장	모든 인류가 추구하는 것	45
제 5 장	어느 여승	51
제 6 장	다시 태어난 창녀	63
제 7 장	힌두교를 믿는 장님	75
제 8 장	오직 한 길	83
제 9 장	새 생명 얻기	97
제10장	하나님 사랑에 대한 계시	109
제11장	용서받은 살인자	123
제12장	리카르도야, 나를 따라오라!	135
제13장	모슬렘 무역상	145
제14장	미친 거지	157
제15장	분리시키는 구렁텅이	169
제16장	새로운 관점	181

제17장	신뢰할 만한 진리 수용하기	191
제18장	가장 위대한 기적	201
제19장	하나님 말씀 신뢰하기	205
제20장	변화	215
제21장	드러난 신비	223
제22장	기적 생명 시작하기	229
제23장	기적 생명 살아가기	247
제24장	당신의 결정을 문서화하기	254
제25장	매일의 기도	257
제26장	보석과 같은 약속의 말씀들	261
제27장	사랑 편지	269
제28장	성경적인 기독교	275
제29장	당신을 위한 복된 삶	281

세계인을 대상으로 하는 오스본 가족의 사역 ······ 285
용어 해설 ······ 289
오스본 가족의 저서들 ······ 294

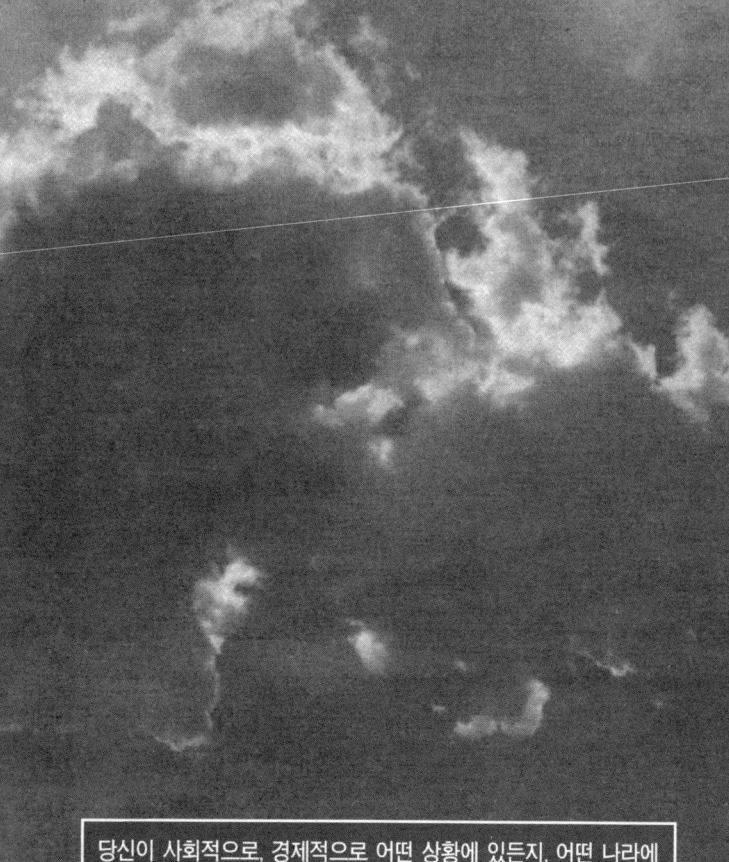

당신이 사회적으로, 경제적으로 어떤 상황에 있든지, 어떤 나라에 있으며 어떤 종교를 가지고 있든지, 이 책에 있는 오래된 공경할만한 진리는 전능하신 하나님에 대한 새로운 관점을 당신에게 줄 것이며, 당신이 믿음만 가질 수 있다면 창조주의 기적 생명으로 당신을 인도해 줄 것입니다.

라도나 오스본

시작하는 글

그동안 인간의 영에 관한 많은 책들이 출판되어 왔지만, 본서는 인간의 영에 관한 여느 책들과는 분명히 다른 책입니다.

이 책에 실린 글은 **당신과 관련이 있는** 글이며 또한 **당신을 위한** 글입니다. 이 책의 페이지들을 읽어가는 당신은, 어느덧, 삶에 관한 참 진리를 발견하게 될 것입니다. 그리고 당신이 발견한 진리로 인해 당신은 지금

과는 전혀 다른 삶을 살게 될 것입니다. 당신의 지친 삶과 녹슨 사고는 순식간에 사라지고, 삶에 새로운 활력이 나타나게 될 것입니다.

종교에 귀의한다고 해서 마음의 깊고 영원한 평화를 얻을 수 있는 것이 아니고, 온 정성을 바쳐 종교 의식에 참석한다고 해서 하나님이 주시는 축복을 받을 수 있는 것도 아닙니다.

이 책에는 당신이 당면하고 있는 인생의 전반적인 문제들과 당신이 그동안 품어왔던 인생의 전반적인 의문점들에 대한 완전한 해답이 기록되어 있습니다. 이 책을 통해 당신이 당면하고 있는 삶의 불확실성들은 사라지게 될 것입니다. 이뿐 아니라, 당신이 갖고 있는 열등감은 존귀감으로 치환되고, 무의미한 삶은 새롭고 활기찬 삶으로 치환될 것입니다. 당신은 이 책을 통해 오늘이라도 당장, 새롭고도 기적으로 가득 찬 인생을 살기 시작하게 될 것입니다.

이 책은 사람들에게 인생의 새롭고 좋은 삶에 대해 알려주고, 평화롭고도 참다운 인생의 진리를 밝혀주는 책입니다. 이 책에 기록된 진리들은 지난 수십 년 동안 전 세계에 걸쳐 사는 수백만의 사람들의 삶에 적용됨으로 인해, 참 진리임이 여실히 증명되었습니다. 나는 그동안 백 개가 넘는 나라를 돌아다니면서 만난 수많은 사람들에게 전능자이신 주 하나님이 얼마나 그들을 사랑하시는 분이시고 그들이 갖고 있는 질병을 치료해 주시며, 그들의 어두운 삶에 참된 빛을 비추어주시는 분이신가에 대해 가르쳐왔습니다.

  티 엘 오스본의 딸인 나는, 나의 아버지와 함께 이 책을 완성하기 위해 노력하였습니다. 나는 어렸을 때부터 아버지를 따라다니며 이 책에 쓰인 진리가 참이라는 사실이 여지없이 증명되는 현장들을 수없이 많이 목격하였습니다. 이 책에 적혀있는 진리는 오랜 기간을 통해 실험되어지고 증명되어진 진리입니다. 나는 사람들의 삶 속에 창조주 하나님의 생명이 들어감으로 사람들의 삶이 기적적으로 바뀌는 것을 수없이 많이 보았습니다. 이 책에는 그런 기적 생명을 경험한 사람들 중에서, 몇 몇 사람들의 체험 실화가 실려 있습니다. 그들이 받은 새 기적 생명에 대한 체험담을 읽는 독자들은, 이 세상에서 하나님의 사랑과 긍휼을 경험하면 그 어떤 사람도 변화되지 않을 수 없다는 사실을 깊이 깨닫게 될 것입니다.

  여러분들은 이 책을 통하여 인생의 참 빛을 발견함으로, 삶이 정말로 새롭게 변화되는 경험을 하게 될 것입니다. 하나님이 주시는 새로운 기적 생명에 관해 쓰인 본서를 음미하며 읽어 나갈 때, 당신은 정말로 새로 태어나는 경험을 하게 될 것입니다.

라도나 씨 오스본 (LaDonna C. Osborn)
목회학 박사, 석사, 학사, 신학박사

오래 전에 기록된 거룩한 책 성경에는 이런 글이 적혀있습니다: 네가 만약 나의 말을 잘 듣고 순종하면 장수한다. 내가 내린 지시사항들을 잘 지키는 사람들은 참 생명으로 인도받게 된다. (잠언 4:10,13) 오, 하나님! 당신의 사랑과 친절은 정말로 대단합니다... 당신의 사랑과 친절은 당신을 신뢰하고 당신의 날개 안에 거하는 사람들에게 베풀어집니다. 그런 사람들은 당신이 주시는 기쁨의 강물을 마심으로, 대단히 만족한 인생을 살게 됩니다. 그 이유는 당신과 함께 하는 삶은 생명이 흘러나는 샘이기 때문입니다. (시편 36:7-9) 이 책에는 하나님께서 당신에게 주시는 영원한 생명에 관한 진리가 설명되어져 있습니다. 만일 당신이 이 책에 나와 있는 진리를 받아들인다면, 당신은 창조주 하나님과 좋은 관계를 가지며 살 수 있게 됩니다.

당신이 현재 어떤 사람들과 같이 살고 있고, 얼마나 많은 돈을 갖고 있고, 어느 나라의 사람이며, 또한 어떤 종교를 갖고 있는가는 전혀 문제가 되지 않습니다. 만일 당신이 이 책에 기록되어있는, 수없이 많이 증명된 진리들을 진정으로 받아들인다면, 전능하신 하나님의 생각이 당신의 생각이 될 것입니다. 하나님께서는 당신을 만드신 분이고 당신과 함께 살기를 원하시는 분입니다. 당신은 이 책을 통해 그러한 창조주 하나님께서 당신에게 주시는 기적 생명을 당장 오늘부터라도 받을 수 있습니다.

제 1 장

종교, 종교 의식, 아니면 실제?

온 우주를 주관하시는, 초월하시는 하나님께서는 인간들을 돌보시기를 원하시는 분이십니다. 이 책은 그런 사실을 모르는 사람들을 위해 쓰여졌습니다. 특별히 이 책은 일본, 중국 및 인도를 포함한 동남아시아 지역의 여러 나라에 살고 있는 사람들을 위하여 쓰여졌습니다.

국제적인 명성을 갖고 있는 어떤 승려가 한번은, "우리는 전능하신 신을 믿기는 하지만, 그 신이 사람들과 개인적인 관계를 맺고 싶어 하는 신이라고는 생각하지 않는다."라고 말하였습니다.

어떤 인도 관리는, "나는 한번도 신들에 대해 이해하려고 해본 적이 없다. 만일 초월적인 존재가 있는 것이 사실이라면, 그 존재는 반드시 나를 도와주는 존재이어야 하고, 나에 대해 아는 존재이어야만 한다."고 말했습니다.

이 세상에는 여러 종교들이 있습니다. 초월적이며 영적인 그 어떤 신, 그리고 이 우주에게 생명을 공급하는 그 어떤 신에 대한 생각은 사람과 나라마다 조금씩 다르고 종교마다 차이가 있습니다.

공산주의자들은 최근 백년간 하나님이란 존재는 사람들의 생각 속에만 존재하고 있는 허구이며, 종교는 아편이라고 생각하였습니다.

이 책은 당신이 종교인이건 아니건 상관없이, 당신에게 꼭 필요한 책입니다. 당신이 힌두교도이거나 모슬렘 신도여도 상관없습니다. 당신이 정령 숭배자이거나 불교도이거나 일본의 종교인 신토교를 믿어도 괜찮고, 가톨릭교도이어도 좋습니다. 설사 유태교도이거나 신교도라고 하더라도 관계없습니다. 당신이 무신론자이어도 괜찮습니다. 이 책을 읽는 당신이 세상 그 어디에 살고 있어도 상관없습니다. 이 책은 모든 사람들에게 꼭 필요한 책입니다. 당신이 도시에서 살거나 시골에서 살아도 상관없고, 오두막집에서 살거나 아파트에서 살아도 상관없고, 볏단으로 만든 집에서 살거나 아니면 부자들이 사는 맨션에서 살아도 관계없습니다. 당신의 성별에 관계없이, 당신은 이 책을 꼭 읽어야 합니다. 당신이 남자이건 여자이건, 부자이건 가난한 사람이건, 고

용주이건 피고용인이건, 서민이건 대통령이건 이 책을 꼭 읽어야 합니다.

당신의 사회적 지위나 경제 상태, 사는 나라나 믿는 종교에 상관없이 옛적부터 참 진리로 증명된 이 책에 기록된 내용을 꼭 이해해야 합니다. 그렇게만 하면, 당신은 당신을 인도해줄 전능하신 하나님을 만나게 됩니다. 당신이 단지 이 책에 기록된 진리들을 믿음⊕을 갖고 받아들이면, 이 책에서 소개하고 있는 하나님을 만나게 될 것입니다.

우리는 그 동안 100여개의 나라들을 돌아다니면서, 수많은 사람들을 만나, 이 책에 기록된 진리들을 가르쳤고, 삶에 적용시켜 보았습니다. 그 결과 이 책에 기록된 진리가 참임이 증명되었습니다.

세상 곳곳에 세워진 절들과 사당들과 성당들을 비롯한 여러 종교적 기념물들의 장엄함과 아름다움은 놀라울 정도입니다. 이러한 종교적 건축물들은 인간들이 자신들을 도와줄 수 있는 신들을 얼마나 갈망하며 살고 있는지를 잘 나타내주고 있습니다.

우리는 세상에 흩어져서 사는 여러 민족들에게 우리

⊕ 믿음 (Faith) – 성경에 기록된 가르침과 성경에 기록된 하나님의 약속을 진리로 받아들이고, 전능하신 하나님을 신뢰하는 것.

가 믿는 진리에 대해 알려주고, 우리가 드리고 있는 기도⊕에 대해 가르쳐주기 위해 그동안 여러 나라들을 돌아다녔습니다. 우리는 인도에서 여러 신들을 믿는 힌두교도들을 만났고, 일본에서 일본사람들이 절하는 신사도 가보았습니다. 모슬렘들이 예배하는 중동 여러 나라들의 모스크도 가보았습니다. 태국의 절에도 가보았고, 스페인과 라틴 아메리카에 있는 성당에도 가보았습니다. 타이완과 중국에 가서는 그 곳에 세워진 많은 탑들도 보았으며, 로마에서는 성 베드로 성당도 가보았습니다. 이 뿐 아니라, 우리는 그리스와 유라시아를 방문하여 그 곳에 있는 거대한 그리스정교 예배당에도 들어가 보았고, 영국과 유럽 여러 나라의 신교 교회를 방문하여 보았고, 그 지역의 여러 곳들에 세워진 수많은 종교 건축물들을 우리의 눈으로 직접 보았습니다.

우리는 아프리카와 파푸아 뉴기니아의 정글로 가서 정교한 칼로 그들이 믿는 신 – 사람들에게 두려움을 주는 무섭게 생긴 신 – 을 조각하는 수공예가도 만나보았습니다.

세상 여러 곳들을 돌아보는 동안, 우리는 인간 삶의

⊕ 기도 (Prayer) – 사람이 하나님과 나누는 대화.

무의미함과 사람들이 믿는 여러 종교들의 무능함을 알게 되었습니다. 헛된 신에 집착하는 자들의 삶에 **근본적인 변화란 있을 수 없습니다.** 사람들이 믿는 신은 사람들이 지은 **죄를 근본적으로 없애주지 못합니다.** 사람들은 자신들이 믿는 신들에게 찾아가서 수없이 많이 희생제물을 바치지만, 그런 행위들은 단지 일시적인 위안만을 제공해 줄 뿐입니다. 이 세상 신은 그 어떤 신이든, 사람들이 지은 죄⊕를 전적으로 제하여 줄 수 없고, 또한 사람들에게 참된 만족과 평화⊕를 줄 수 없습니다.

훌륭한 삶을 산다고 해서, 장엄한 예배를 드린다고 해서, 멀어졌던 주⊕ 하나님과 가까워지는 것은 아닙니다. 하나님과 가까워지기 위해서는 무의미하고 허무하기만 할 뿐인 종교적 행위 그 이상의 것이 절대로 필요합니다.

하나님은 어떤 분일까요? 이 세상의 수많은 사람들

⊕ 죄 (Sin) – 최초의 인간 아담과 이브가 하나님께 죄를 지음으로 이 세상에 태어난 모든 인간들이 갖게 된 것. 죄의 결과, 사람들은 그들을 사랑하시는 하나님과 멀어지게 되었다.

⊕ 평화 (Peace) – 창조주 하나님과 화해하고 연합한 사람들이 경험하는 영 및 마음의 고요한 상태.

⊕ 주 (Lord) – 영원하신 창조자이시고 모든 피조물들의 주인이신 분을 부르는 말.

이 하나님을 모든 것을 알고 계신 분, 전능하신 분, 영원한 생명의 근원이신 분, 임재하시는 하나님으로 이해하고 있습니다. 그렇다면, 하나님은 정말 "나"에게 어떤 분일까요? 여러 가지 경로를 통해 실제로 감지 할 수 있는 하나님은 도대체 어떤 분일까요?

이 책은 그런 궁금증과 질문에 대한 명확한 답을 주고 있습니다. 독자 여러분들은 이 책을 통하여 사람들에게 관심이 많으시고, 사람들을 참으로 긍휼히 여기시는 우주의 창조주이신 하나님을 새롭게 만나게 될 것입니다. 이 책은 독자인 당신에게 생명의 근원이신 하나님을 경험할 수 있게 해주고, 진리에 대한 참 이해에 이르도록 해주는 책입니다.

저명한 힌두교의 철학자가 한번은, "전지전능한 하나님은 인간들에게 자신을 보여주는 신이 **아니고**, 인간들이 가까이 다가갈 수 있는 존재도 **아니며**, 인간들의 머리로 이해할 수 있는 존재는 더구나 **아니다**. 전지전능한 존재는 **비인격**적인 존재이면서 동시에 무존재이다." 라고 말한 적이 있습니다.

이 책을 읽어나가면 나갈수록, 당신은 당신의 인생이 얼마나 고귀한 인생인지에 대한 영적인 이해를 새롭게 갖게 될 것입니다.

만일 당신이 단순한 믿음을 갖고 이 책의 내용을 받아들인다면, 전능하신 신적 존재가 갖고 있는 기적 생명이 당신이란 존재 속에 들어가게 되고, 그 결과 위에 언급한 힌두교 철학자의 신에 대한 선언이 거짓임을 깨닫게 될 것입니다. 전능한 신적 존재는 현재라는 시간에 나타나시는 분이시고, 인간이 가까이 다가갈 수 있는 존재이며, 인간이 감지할 수 있고 생각할 수 있는 존재입니다. 인간은 신의 속성을 부분적으로 갖고 있는 귀한 존재입니다.

서구 사회의 사람들과 그리스도인들은 그러한 초자연적 신적 존재를 "하나님"이라고 불러왔습니다. 이 신적 존재에 대해 강한 신앙을 갖고 헌신해왔던 다른 부류의 사람들은 이러한 초자연적인 신적 존재를 "깨달음"(Enlightenment)으로 인식하여 왔습니다. 또 어떤 부류 사람들은 신이란 인간들에게 필요한 것을 공급해 주는 존재(Providence)로서, 인간의 더러운 입으로는 감히 그 이름조차도 부를 수 없을 정도로 거룩한 존재라고 믿고 있습니다.

일반적으로 인간들은 자신들이 지은 죄에 대해, 신이 내리는 징벌을 받지 않기 위해, 신을 계속 섬겨야만 한다고 생각하였습니다. 그래서 사람들은 대체적으로 신을 무서운 존재로 인식해 왔습니다. 그 결과, 역사상 인간들의 다양한 신앙 형태들을 연구하는 학문인, 신화학(Mythology)이 생겨나게 되었습니다. 인간들이 만든 우상들은 사람들로 하여금 자신들에게 절하지 않을 수 없도록 하기위해, 험악하고 두려움을 주는 얼굴 표정을 하고 있는 경우가 많습니다.

신에 대해 연구하는 학자들은 하나님에 대한 복잡한 이론들을 만들어 놓아 평범한 사람들로 하여금 신과 하나님에 대한 이해가 어렵도록 해놓았을 뿐만 아니라, 신이 인간에게 줄 수 있는 신의 생명(력)을 쓸모없는 것으로 만들어 놓았습니다.

어떤 사람들은 하나님이 전능하신 분이라는 사실을 받아들이지 않고 있는 반면, 어떤 사람들은 하나님이 초자연적인 능력을 갖고 있는 존재이긴 하지만, 인간들과 인간 세계에 대해서는 전혀 관심이 없는 분이라고 생각합니다.

고대 아테네 사람들과 고대 중세 사회의 사람들은 그들이 "알지 못하는 신"(The Unknown God)을 경배해 왔습니다. (사도행전 17:23) 어떤 사람들은 태양 여신을 숭배해 왔습니다. 어느 사회에 속한 사람들은 태양 주위를 돌고 있는 위성들이 신이라고 생각하여 그들이 믿고 있는 위성 신들에 이름을 붙여 그들의 신앙심을 표출하였습니다. 그 결과 신들은 태양 신, 달 신, 주피터, 마스 등의 이름을 갖게 되었습니다. 또 아메리카에 살고 있는 어떤 원주민들은 해, 바람, 물, 땅 및 불을 위시한 지구상에 존재하는 것들을 경배하여 왔습니다.

인도의 저명한 어떤 학자는, "참 신은 인간들과 관계를 맺을 수 있는 존재가 절대로 아니다. 신은 형상이 없는 영(imageless spirit)이기에, 물질세계에서 살고 있는 사람의 능력으로는 절대로 감지할 수 없다."고 주장하였습니다.

고대 인도의 어떤 왕의 후예로서 힌두교를 믿고 있던 어떤 사람은 인간이 가질 수 있는 최고의 영적 경지는 니르바나(Nirvana)라고 불리는 깨달음이라고 가르쳐 왔습니다.

고대 히브리 사람들은 영원한 신적 존재를 여호와, 이 세상 창조주, 왕 중의 왕, 지고하신 분(the Most High), 엘로힘, 아도나이, 진리의 하나님, 장엄하신 하나님(the God of Majesty), 영원한 통치자, 주관하시는 주, 인간을 긍휼히 여기시는 분, 자비하신 분, 인내심이 지대하신 분 및 인간에게 관대하신 분 등으로 이해하였습니다.

역사적으로 살펴볼 때, 유대교를 믿는 유대인들에게 여호와(또는 하나님)는 어디에나 계신 분으로 인식되었습니다. 유대 성서⊕에는 "온 땅이 그분의 영광으로 가득 차 있다"(사 6:3)라는 말이 있습니다. 성경은 유대교를 믿었던 선지자들이 쓴 글로서, 전 세계에 현대 문명을 퍼뜨린 기독교의 초석이 되는 책입니다.

역사적으로 실존했던 인물인 예수⊕ 그리스도⊕는 유대인의 후손으로 태어났습니다. 고대 유대인들은 그들이 믿는 *하나님은 영원하시고 인격적이신 분이시고, 인간들의 아버지가 되시는 분으로 인간들을 사랑하시는 분, 또한 사람들의 왕이시고 주인이시고, 사람들을 보호해주시는 분이라고 믿었으며, 자기 자녀들에게 자*

⊕ 성서 (Scriptures) – 무려 2000년에 걸쳐서, 40명의 서로 다른 사람들에 의해 기록된 옛 책으로 총 66권으로 이루어져 있다. 성경이라고 불리기도 한다. 성서는 피조물인 인간을 향한 영원하신 하나님의 계획이라는 한 가지 주제를 다루고 있다.

⊕ 예수 (Jesus) – 하나님이시지만 처녀 마리아의 몸에서 태어난 아기에게 붙여진 이름. 마리아가 아기 예수를 잉태하게 된 것은 영원한 하나님이신 성령님에 의해서였다. 예수는 인간이 되신 하나님이시다. 그 분은 하나님의 목적을 이루기 위해 인간으로 태어나셨다.

⊕ 그리스도 (Christ) – 전능하신 하나님과 인간들이 하나로 다시 연합되도록 하기위해 이 세상에 태어나신 하나님. 옛 선지자들에 의해 장차 이 세상에 오실 것이라고 예언되었던 분.

비와 선을 베푸시는 분이라고 생각하였습니다.

하나님에 대한 이러한 이해는 고대 성경에 기록되어져 있는 하나님에 대한 바른 이해의 결과입니다. 예수 그리스도는 하나님에 대한 고대 성경의 가르침을 받아들였을 뿐 아니라, 자신을 따르는 추종자들에게 하나님이 어떤 분이신지에 대해 직접적인 가르침을 주기도 하셨습니다. 이러한 예수의 가르침을 배우고, 예수를 따르는 사람들의 모임을 우리는 교회⊕라고 부릅니다.

성경에 기록된 예수라는 인물은 세상의 여러 종교에서 믿는 수많은 여러 신적 존재들과 어떻게 다를까요?

예수라는 존재는 과연 믿을 만한 신인가요?

예수의 가르침은 정말로 신뢰할 만 한가요?

자신이 하나님의 아들 ⊕ 이라고 주장하였던 예수의 주장이 세상의 수많은 고대 종교들이 행하는 종교 의식들과 다른 점은 무엇이고, 다른 이유는 무엇일까요?

⊕ 교회 또는 전체 교회 (Church) – 예수 그리스도를 믿는 전 세계 모든 사람들의 하나된 영적 공동체. 개 교회 (church)에 관한 정의를 보려면 이 책의 말미에 있는 부록 "용어 해설"에서 "교회 또는 개 교회(church)"를 을 찾아보라.

⊕ 하나님의 아들 (Son of God) – 인간 구원이라는 하나님의 계획을 성취하기 위하여 인간의 몸을 입고 이 세상에 오셔서 사람들에게 자신을 나타내신 하나님.

종교, 종교 의식, 아니면 실제?

이 책을 쓴 목적은 독자들이 영원하신 하나님의 기적 생명을 받아, 그들의 삶에 기적이 나타나도록 하기 위함에 있습니다. 하나님의 기적 생명은 하나님의 아들인 예수에게 주어졌던 생명입니다. 이러한 기적 생명은 옛날 선지자들의 거룩한 가르침을 받아들이는 사람이라면 그 어떤 사람에게라도 "오늘" 주어질 수 있습니다.

생명을 주시는 분이 당신에게 말씀하시는 바는 당신은 귀한 존재이며, 하나님은 당신에 대해 계획을 갖고 계시다는 것입니다. 전능하신 하나님은 오늘이라는 이 시간에 하나님의 기적 생명을 당신에게 주어서, 당신이 그 기적 생명을 갖고 새로운 인생을 살게 되기를 원하십니다. 창조주 하나님께서는 당신을 믿어주시며, 당신을 사랑하시는 분이십니다. 그분께서 주시는 새로운 생명은 전적으로 당신을 위한 것입니다.

제 2 장
발 견

한번은 세 살 난 어린아이가, "너 크면 뭐가 되고 싶니?"라는 질문을 받았습니다. 그 어린아이는 그런 질문에 대해, "난 나무에 달린 바나나를 따먹는 원숭이가 되고 싶어요."라고 대답하였습니다.

그로부터 삼년이 지난 어느 날, 그 어린아이에게 같은 질문을 던졌습니다. 그러자 그 어린아이는, "난 온 우주를 돌아다니며 그 곳에 있는 것들을 발견해내는 우주인이 되고 싶어요."라고 말하였습니다.

불과 삼년사이에 그 어린아이의 자신에 대한 인식능력은 원숭이 수준에서 우주인의 수준으로 진보한 것입니다.

사람을 포함한 모든 것들은 변화하기 마련이고, 그 결과 전보다 더 좋게 되거나 더 나쁘게 됩니다. 땅에 씨를 뿌린 후, 땅을 뚫고 나오는 싹을 잘 가꾸면 아름다운 정원이 만들어지지만, 씨를 뿌린 후 돌보지 않으면 잡초만 무성하게 자라게 됩니다. 당신의 삶은 잘 가꾸어진 정원처럼 좋은 열매들을 맺고 있나요? 아니면 훈련을 제대로 받지 못하고 돌봄을 제대로 받지 못해, 잡초만 무성한 정원처럼 열매 맺지 못하는 사람으로 힘들게 살아가고 있나요?

이 책을 통해 당신의 마음 밭에 옛적부터 진리로 확증된 신적 삶(신적 생명)이라는 귀한 씨를 심으십시오. 그러면 당신은 바르고, 복되고, 고귀하고, 생산적이고, 건강하고, 온전하며 또한 평화로운 삶을 살 수 있습니다. 초월적인 하나님이 사시는 삶은 초자연적인 삶이요, 그 분을 살게 하는 생명은 기적 생명입니다. 당신이 기적 생명을 가지신 하나님을 믿으면, 영원하신 하나님께서 당신에게 기적 생명을 주셔서, 당신이 기적의 삶(기적 생명)을 살게 되도록 하십니다.

우리는 당신이 인생을 새롭게 다시 시작할 수 있도록 도와주기 위해 이 책을 만들었습니다. 당신이 열린 마음과 간절한 마음으로 이 책의 장들을 넘겨간다면, 신적 생명의 씨들이 당신의 마음 정원에 뿌려지게 될 것입니다. 만일, 당신이 이 책을 읽는 동안 이 책에 쓰여 있는 옛적 고귀한 진리들을 믿고 받아들이면, 당신 속에 하나님이 주시는 새 기적 생명이 부어지게 됩니다.

당신의 삶에 뿌려진 기적 생명의 씨가 잘 자라 열매를 맺도록 하기 위해, 당신이 애쓸 필요는 전혀 없습니다. 단지 간절한 마음을 갖고 이 책을 읽어 나가십시오. 그리고 이 책에 기록된 내용이 이해가 되면, 마음으로 받아들이십시오. 그렇게만 한다면, 이 책에 기록된 하나님의 진리가 당신 속으로 들어가, 하나님이 주시는 새 기적 생명으로 눈 뜬 새로운 삶을 살게 될 것입니다.

이 책에 실린 글은 종교 논문이나 종교 이론도 아니고 종교 협약문은 더 더욱 아닙니다. 그렇지만, 이 책에는 당신에게 기쁨과 건강과 축복의 새 인생을 살 수 있는 지평선을 열어주는 귀한 내용으로 가득 차 있습니다.

우리는 이 책에 실린 진리를 그 동안 수백만 명에게 얼굴과 얼굴을 맞대고 전해주었습니다. 우리는 여러 나라의 여러 마을과 도시들을 다니면서, 이 책에 실린 옛적부터 그 진실성이 증명된 진리들을 전해왔고, 이 진리를 받아들인 사람들의 삶이 새롭게 바뀌는 것을 수없이 많이 목격해 왔습니다.

생명을 주시는 분인 하나님으로부터 오는 참된 메시지는 "당신은 귀한 존재이고 당신은 이 땅에서 특정 목적들을 갖고 살도록 지음을 받았다"는 것입니다. 당신을 향한 하나님의 계획을 알려면 기적 생명을 받아야 합니다. 만일 당신이 기적 생명을 받기만 하면, 과거와는 완전히 다른 새로운 인생을 오늘 당장에라도 시작할 수 있습니다.

우리는 그 동안 이처럼 귀하디귀한 진리를 받아들인 사람들이 희망과 사랑으로 가득 찬 삶, 평화와 능력으로 가득 찬 삶을 살게 되는 것을 수천 번에 걸쳐서 목격해왔습니다. 이 책을 읽는 당신도 그러한 축복된 삶을 살 수 있습니다.

* * *

이 책은 당신이 어떻게 해야 창조주 하나님을 알게 되고, 그분의 사랑을 받게 되는 지에 대해 알려주고 있는 책입니다. 이 책은 또한 어떻게 해야 당신이 삶을 새롭게 변화시켜 줄 진리들을 깨닫게 될 수 있는지에 대해 밝히 알려주는 책입니다.

이 책을 읽어나감으로 인해, 당신은 옛적부터 많은 사람들의 삶을 통해 증명된 하나님의 진리들을 알게 될 것이고, 그 결과 당신이 살아왔던 옛 삶의 방식은 없어지게 될 것입니다. 또한 하나님의 진리를 깨닫게 됨을 통해, 새로운 희망, 새로운 믿음, 새로운 사랑과 새로운 목적을 지닌 인생을 살게 될 것입니다.

이 책을 읽어나가는 동안, 당신은 하나님이 주시는 진리를 점진적으로 깨달아 알게 될 것이고, 이를 통해 당신의 삶이 변화될 것입니다. 한걸음 한걸음씩, 당신은 평화에 관한 것을 깨닫게 될 것이고, 믿음을 가져야 하는 이유를 알게 될 것이고, 새로운 진리를 깨닫게 될 때 느끼는 놀라운 기쁨을 소유하게 될 것이고, 믿음을 갖게 됨으로 삶에 새로운 활력이 솟아나는 것을 경험하게 될 것입니다. 또한 신적 생명을 주시는 영원한 사랑이신 하나님을 받아들임으로, 당신의 삶에 평화가 깃들게 될 것입니다.

당신을 신뢰하시고 사랑하시는 주 하나님이 당신의 친구가 됨으로서, 그분과의 형언할 수 없는 깊은 관계 속으로 들어가게 될 것이고, 이를 통해 당신의 삶에 기쁨이 가득하게 될 것이다. 이 책에 기록되어 있는 옛적부터 증명된 진리들은 당신이 영원하신 하나님과 새롭고 역동적인 관계를 맺도록 해 주는 진리들입니다.

이 책을 통해 당신의 심령⊕이라는 땅속에 신적 진리의 씨들이 심겨지는 일들이 분명히 일어나게 될 것입니다. 당신이 해야 할 것은 단지 이 책을 열린 마음으로

⊕ 심령 (Heart) – 인간이 갖고 있는 지, 정, 의를 총칭하는 상징적인 용어(symbolic term).

읽는 것입니다. 그러면 당신의 심령 밭에 하나님이 주시는 기적 생명의 씨가 심어지는 일이 일어나게 됩니다. 그렇게 하기만 하면 당신은 기적을 주는 새 인생을 오늘에라도 경험할 수 있습니다.

근 반세기 동안 티 엘 오스본 박사와 데이지 오스본 박사 부부는 여러 나라들을 돌아다니면서, 많은 사람들에게 전능하신 하나님에 관한 좋은 소식들을 전해주었습니다. 그 결과 많은 사람들이 새 기적 인생을 살 수 있게 되었습니다. 1995년에 티 엘 오스본 박사의 부인인, 데이지 오스본이 소천한 후로는, 딸인 라도나 박사(Dr. Ladonna)가 어머니의 사역을 이어받아, 아버지 티 엘 오스본과 함께 전 세계를 다니면서 사역하고 있습니다.

누구든지 하나님의 말씀을 믿고, 심령에 하나님을 받아들이면, 새롭게 다시 태어나게 됩니다. 새롭게 다시 태어난다는 것은 인간의 생육 방법으로 태어나는 것이 아니라, 하나님의 방법으로 영이 다시 태어나게 되는 것을 말합니다.

성경을 기록한 인물들 중의 한 명인 존경받는 어떤 사도는 "그분을 받아들이는 자는 누구든지, 주 하나님의 아들(과 딸)이 되는 권세를 받게 된다"(요한복음 1:12)고 선언하였습니다.

제 3 장
지금 받는 기적 생명
거룩한 옛 책 성경에 기록된 말씀

그 어떤 것도 있기 전에 말씀이 있었고, 그 말씀은 하나님과 함께 계셨다. 그 말씀은 항상 살아계셨고 또한 그 말씀이 바로 하나님이셨다. (요한복음 1:1)

그분께서 존재하는 모든 것을 창조하셨다 – 존재하는 것들 중에 그분께서 만드시지 아니하신 것은 아무것도 없다. (요한복음 1:3)

그분 안에 영원한 생명이 있다. 이 생명은 모든 사람들에게 빛을 준다. (요한복음 1:4)

그분의 생명은 어두움을 비추는 빛이다 – 어두움은 절대로 그 빛을 없앨 수 없다. (요한복음 1:5)

그분은 세상을 창조하신 분이시지만, 그분이 세상에 오셨을 때, 세상 사람들은 그분을 알아보지 못하였습니다. 그분이 자신의 땅에 왔을 때 심지어는 그 분의 백성들조차... 그분을 받아들이지 않았습니다. 단지 소수의 사람들만이 그분을 환영하고 받아들였습니다. 그러나 그분께서는 그분을 받아들이는 사람에게는 누구에게나 하나님의 자녀가 될 수 있는 권세를 주셨습니다. 사람들이 하여야 할 것은 단지 그분이 당신을 구원하시는 분이라는 사실을 믿는 것입니다. (요한복음 1:10-12)

다음의 사실을 믿는 자는 다시 태어나게 됩니다! - 인간의 욕정이나 인간의 계획에 의해 육체적으로 다시 태어나는 것이 아니라, 하나님의 계획에 의해 다시 태어납니다. (요한복음 1:13)

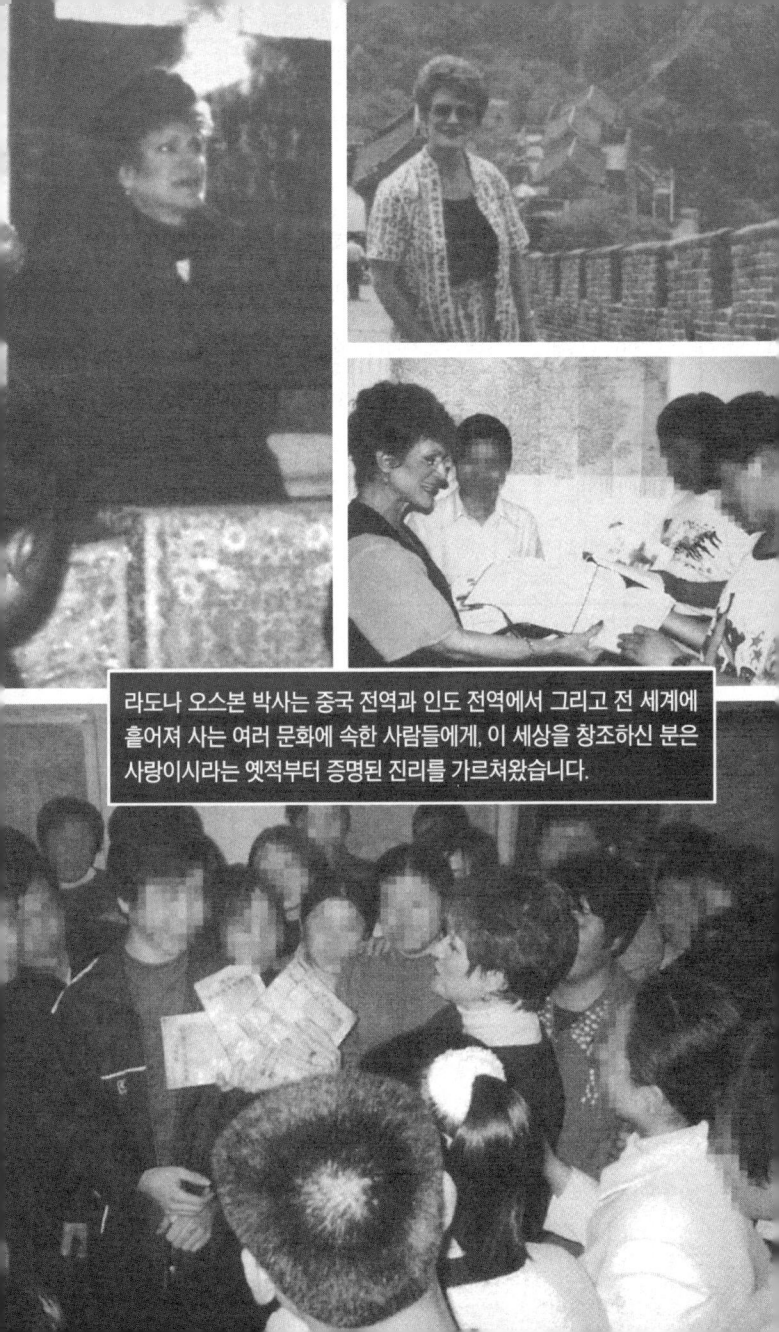

라도나 오스본 박사는 중국 전역과 인도 전역에서 그리고 전 세계에 흩어져 사는 여러 문화에 속한 사람들에게, 이 세상을 창조하신 분은 사랑이시라는 옛적부터 증명된 진리를 가르쳐왔습니다.

우리는 수천 명의 모슬렘들과 신토교인들, 힌두인들, 불교도들, 미신 숭배자들, 무신론자나 다른 종교를 믿는 자들(아니면 무교인들)이 이 책에 있는 능력있고 오래된 진리를 이해하였을 때 신적 생명에 의해 변화되는 것을 보아 왔습니다.

제 4 장

모든 인류가 추구하는 것

주관자 하나님이 인간에게 주시는 기적의 생명의 삶은 초자연적이고도 영적인 변화가 일어남으로 인해, 새롭게 살게 되는 삶입니다.

지난 60여 년간 우리는 창조주 하나님의 사랑을 100여 개의 나라에 살고 있는 많은 사람들에게 전해왔습니다.

우리는 그동안 공원이나 스타디움과 같은 열린 공간에서 사람들에게 하나님의 사랑을 가르쳤고, 사람들을 위해 기도해 주었습니다. 우리가 넓은 열린 공간을 집회 장소로 택한 이유는 그 어떤 종교를 가진 사람들이라도, 그 어떤 사회적 지위와 혈통을 가진 사람이라도, 우리 집회에 쉽게 참석할 수 있도록 하기 위해서였습니다.

우리는 전 세계 여러 나라들을 돌아다니며, 누구나 하나님의 기적 생명을 즉시 받을 수 있다고 전하였습니다. 그 때 우리 앞에 모인 군중의 수는 적게는 수천 명에서 많게는 26만 명이었습니다. 우리는 이 책에, 수많은 군중들에게 수십 년간 전해왔던 바로 그 진리, 곧 삶을 변화시켜주는 진리들을 적고 있습니다.

우리가 당신을 일대 일로 만나 말하는 것처럼, 고대로부터 진리로 증명된 참 진리를 이 책을 통해 당신에게 일대 일로 전하려고 합니다.

우리가 그 동안 이 책에 실린 내용과 동일한 진리 곧 옛적부터 전해져 내려온 참된 진리를 수천 명의 모슬렘, 신토 신봉자, 힌두교도, 불자, 물건에 절하는 자, 무신론자 및 그 외에 다른 종교를 가진 사람들에게 전했을 때 그들의 삶이 변화되었습니다.

이 세상의 어떤 영적인 교사들도 우리만큼 많은 나라를 돌아다니면서, 우리만큼 많은 사람들에게 거룩한 성경의 내용을 가르친 사람을 우리는 아직 알지 못합니다.

사람은 어디서 살든 근본적으로 동일합니다. 사람들은 어디에서 살든 죄를 짓고 살긴 마찬가지고, 동일한 것을 원하며, 동일한 문제들로 인해 두려움과 걱정을 하고 살긴 마찬가지입니다. 인간 모두는 어디에서 살든, 고통 받는 삶을 살고 있고, 모두가 똑같이 마음의 평화를 원하며 살고 있습니다. 이러한 인간의 속성은 종족, 종교, 성, 피부 색, 국적 및 출신 성분에 관계없이 동일합니다.

인간은 희망을 찾아 살고, 신이라는 존재가 그들이 겪는 두려움과 병을 없애주기를 원하면서 살고 있습니다. 그러기에 사람들이 종교적인 힘을 갖고 있는 종교 지도자나 선지자들의 힘을 빌려 자신들의 고뇌를 해결하려는 것은 세계 어느 나라에서나 동일합니다.

* * *

영원하신 창조주 하나님이 주시는 기적 생명을 받아들이는 사람은 놀랄 만큼의 영적인 축복을 받게 되고, 하나님과의 관계에서 평화가 깃든 인생을 살게 됩니다.

우리의 모임에 참석하였던 금욕주의를 신봉하는 많은 수의 아메리칸 인디안, 에스키모, 일본인, 중국인 및 태국인들이 창조주가 주시는 하나님의 생명을 받아 성경을 깨닫게 되었고, 그 결과 그들의 삶이 변화되었습니다. 성경에는 하나님의 말씀을 받아들여 삶이 변화된 많은 사람들의 이야기들이 기록되어 있습니다. 하나님의 말씀을 진리로 받아들여 삶이 변화되는 일들은 옛날 뿐 아니라 오늘날에도 동일하게 일어나고 있습니다.

우리가 집회를 열어 많은 수의 모슬렘 사람들에게 이 책에 기록된 진리들을 전하고 그들과 함께 기도하였을 때, 그들이 우리가 전하는 진리들을 믿고 받아들였습니다. 그리고 우리가 동일한 진리를 토고와 트리니다드 그리고 미국의 텍사스와 타이완에서 전했을 때도 결과는 마찬가지였습니다.

이 책의 집필을 시작하기 바로 전에 우리는 아프리카의 여러 나라를 방문하였습니다. 우리는 아프리카 여러 나라에서 여러 차례 집회를 열었고, 집회 때마다 수십만 명의 사람들이 모였습니다.

그 때, 한번은 20명이나 되는 모슬렘을 믿는 대가족이 한꺼번에 단상으로 올라와 수많은 아프리카 군중들 앞에서, 자신들은 모두 그리스도가 주시는 하나님의 생명을 받아 삶이 변화되었다고 간증하였습니다. 다음 날에는 7명의 모슬렘들이 단상으로 올라가, 어제 그들이 한 간증과 동일한 간증을 하였습니다. 어떤 경우는 수백 명의 모슬렘, 힌두교도 및 불자들이 단상으로 올라와 자신들은 창조주 하나님이 주시는 기적 생명을 받아들여 변화된 삶을 살고 있다고 눈물을 흘리면서 간증하였습니다.

옛적부터 진리로 증명된 성경은 *하나님은 인간 차별을 하지 않으신다... 주님은 자기를 찾는 모든 사람들에게 동일하게 대해주신다. 주님의 이름을 부르는 사람은 그 누구라도 구원받는다* (로마서 10:12-13) 라고 기록하고 있습니다.

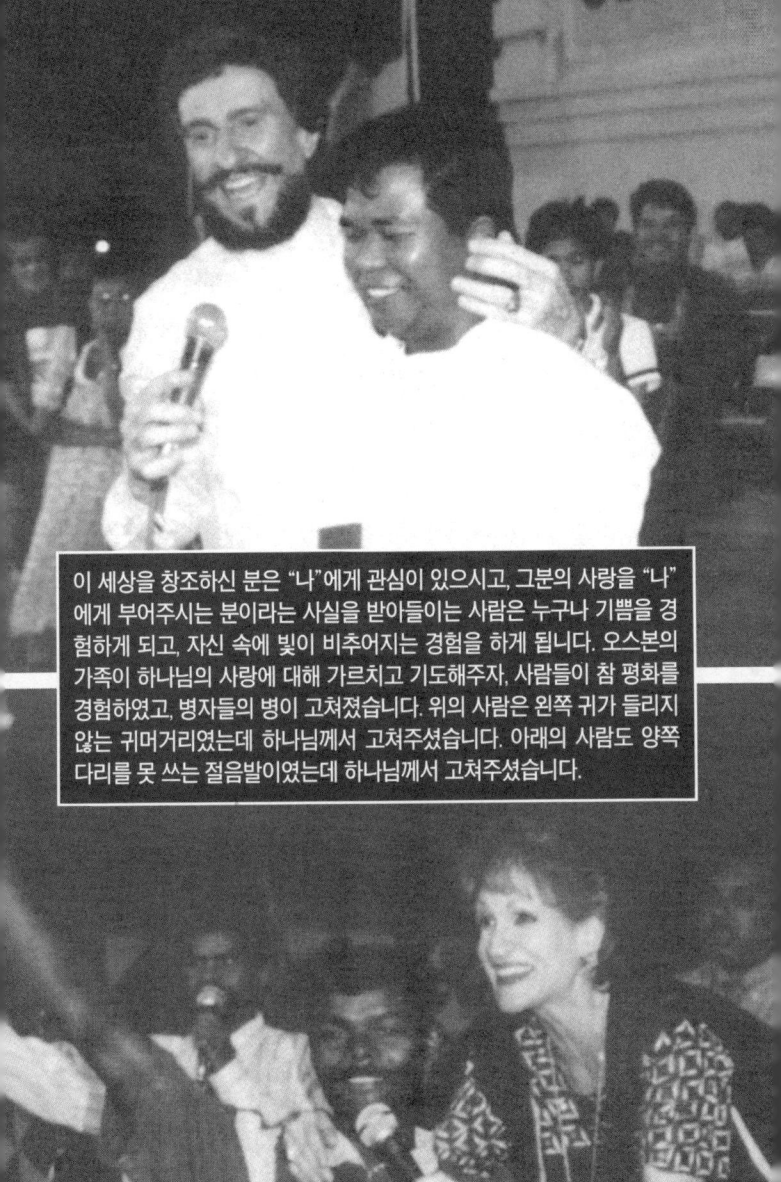

이 세상을 창조하신 분은 "나"에게 관심이 있으시고, 그분의 사랑을 "나"에게 부어주시는 분이라는 사실을 받아들이는 사람은 누구나 기쁨을 경험하게 되고, 자신 속에 빛이 비추어지는 경험을 하게 됩니다. 오스본의 가족이 하나님의 사랑에 대해 가르치고 기도해주자, 사람들이 참 평화를 경험하였고, 병자들의 병이 고쳐졌습니다. 위의 사람은 왼쪽 귀가 들리지 않는 귀머거리였는데 하나님께서 고쳐주셨습니다. 아래의 사람도 양쪽 다리를 못 쓰는 절음발이였는데 하나님께서 고쳐주셨습니다.

어떤 여인이 이렇게 말했습니다. "이 세상을 살면서 내가 무엇을 어떻게 해야 마음의 평화를 갖게 될까라고 내 스스로에게 질문을 던지며 살아왔습니다. 서로를 알아 볼 수 없는 깜깜한 밤이 되면, 나는 많이 울곤 하였습니다. 그럼에도 불구하고 나는 내가 그토록 원했던 마음의 평화를 이제껏 발견할 수 없었습니다. 그러나 내가 74세가 되는 오늘, 난 평생을 찾아 헤맸던 바로 그것을 찾았습니다."

제 5 장
어느 여승

　한번은 동남아시아의 한 나라에서 집회를 열고 있었습니다. 그 집회에 74세 된 할머니 스님이 우리 집회에 참석했다가, 우리가 전하는 하나님의 새 기적 생명을 받아들였습니다. 그녀는 어렸을 때 불교에 귀의한 후, 평생을 절에서 승려들과 같이 지내온 늙은 여승이었습니다.

　그 때 우리는 매우 큰 공터에서 사람들에게 하나님의 사랑에 대해 가르치고 기도해주었습니다. 그 늙은 여승은 우리가 집회를 열고 있는 장소에서 그리 멀지 않은 곳에 위치한 절에 기거하고 있었는데, 우리가 설치한 스피커를 통해 나오는 진리의 소리를 듣고 집회에 참석했습니다. 그녀는 스피커에서 나오는 소리를 절에서 어렴풋하게 듣게 되자, 집회에 직접 참석해서 우리가 전하는 진리에 대해 더 깊이 알아보아야겠다고 결심했습니다.

　그러나 그 때 그녀에게 있는 옷은 승려복뿐이었습니

다. 그녀는 자신이 승려라는 사실을 감추기 위해 평상복을 구해 입고 집회에 참석하여 큰 공터의 한쪽 귀퉁이에 혼자 서 있었습니다.

그녀가 참석한 날, 우리는 예수 그리스도가 십자가 ⊕ 에 달려 못 박혀 죽으심으로, 인류에게 어떤 일이 일어났는지에 대해 설명하였습니다.

그때 우리는 옛 성경이 설명하고 있는 바, 인간이 하나님께 죄를 지었다는 사실과 그 결과 인간이 하나님과 멀어지게 되었다는 사실에 대해 사람들에게 말해주었습니다. 우리는 또한 하나님께서 자신이 만든 인간을 너무도 사랑하시기에, 자신의 아들을 이 세상에 보내셔서, 그 아들로 하여금 인간이 받아야할 죄의 대가를 대신 받도록 하셨다는 사실을 설명해주었습니다. 즉 우리는, 하나님의 아들 예수가 인류를 위해 피 ⊕ 를 흘리고 죽었다는 사실을 설명해주었습니다.

⊕ 십자가 (Cross) – 주후 1세기 경에 예수 그리스도를 처형한 방법과 장소를 일컫는 말. 십자가는 모든 일류에 대한 하나님의 사랑을 알게 해준다.

⊕ 피 (Blood) – 피는 영원한 창조주이신 하나님의 생명의 핵심임을 상징한다. 그 피를 예수 그리스도가 인류를 대신한 희생의 죽음을 죽을 때 흘리셨다. 죄가 없는 예수가 흘린 피로 인해 인간은 영적인 죽음이라는 판결을 면제받았다.

예수가 죽임을 당한 후 그의 시체는 무덤 속에 삼일간 안치되는데, 안치된 지 삼일 째 되는 날 하나님께서 그를 다시 살리셨다는 사실과 그때 살아나신 예수는 지금 하나님의 오른편에서 우리를 위하여 중보하고 계시고 있다는 사실을 알려주었습니다. 우리는 또한 모인 군중들에게, 예수께서 우리 모두에게 찾아오셔서 우리 모두의 마음 문을 두드리고 계시는데, 그 이유는 우리가 하나님을 믿어 하나님이 주시는 축복을 누리며 살고, 하나님의 생명을 소유하고 살고, 마음의 평안을 갖고 살고, 남을 용서하고 살고, 몸이 건강하게 사는 축복된 인생이 되도록 하기 위해서라고 설명해주었습니다.

우리는 또한 그분께서 "나"를 위해 고통당하고 죽으셨음을 믿는 사람은 누구나 구원을 받게 된다는 사실과 이러한 사실을 믿으면 지은 모든 죄가 없어져서 "내"가 정결하게 되기 때문에 구원받게 되는 것이라는 사실(히브리서 1:3) 및 일단 구원을 받게 되면 죄로 인한 심판을 더 이상 받지 않게 된다는 사실에 대해 설명해 주었습니다. 그리고 하나님께서는 우리 안에 들어와 살고 싶어 하신다는 사실과 그렇게 되면 우리는 그분이 주시는 새 기적 생명을 받아 변화된 인생을 살게 된다는 사실들에 대해서도 말해주었습니다.

그 늙은 여승은 군중들 틈에 끼여 우리가 전하는 것을 진지하게 들었습니다. 그 때, 그녀는 성경이 하나님의 아들 예수 그리스도에 대해 적혀있는 책이라는 사실을 생전 처음 들었습니다.

시간이 얼마 지난 후, 그녀는 단상으로 올라와 자신이 우리가 전한 진리들을 받아들였다는 사실과 그렇게 함으로 자신이 변화되었다는 사실을 사람들에게 말해주었습니다. 그녀가 단상에서 내려오자, 우리는 그녀에게 다가가 우리가 머물고 있는 곳으로 와서 그녀가 과거에 어떠한 삶을 살아왔는지에 대해 더 자세하게 말해달라고 요청하였습니다.

다음날, 우리는 그녀와 함께 큰 야자수 나무 아래에 앉아, 무려 두 시간 동안 통역하는 사람을 중간에 놓고 대화를 나눴습니다. 그 때 그녀는 그녀가 살아온 삶에 대해 우리에게 비교적 자세하게 말해주었습니다.

그녀는 자신이 어떻게 해서 하나님이 주시는 기적의 생명을 받기로 결정했는지, 그리고 어떻게 해서 새 사람이 되었는지를 이야기했는데, 자신의 이야기를 할 때 그녀의 눈은 건강하고 젊은 여자 눈처럼 반짝거렸습니다.

그녀는, "나는 마음의 평화를 얻기 위해 평생을 찾아 헤맸습니다. 마음의 평화를 얻기 위해 내가 할 수 있는 일이란 기껏해야 절에서 하루 종일 일을 하고, 절에 있는 다른 승려들을 섬기는 것뿐이었습니다."

"나는 어느 날 다른 모든 승려들도 나처럼 마음의 평화를 얻기 위해 노력해왔다는 사실을 알게 되었습니다. 내가 알고 있는 한, 그 어떤 승려도 마음의 참 평화를 얻지 못하였습니다. 그들은 내가 그랬던 것처럼, 내면의 공허함을 채우지 못한 채 승려의 삶을 살고 있었던 것입니다."라고 말하였습니다.

그녀는 계속해서 다음과 같이 말했습니다. "나는 그동안 그토록 갈구하던 마음의 평화를 줄 수 있는 곳이 절이 아닌 그 어딘가에 있을 것이라는 생각을 항상 갖고 있었습니다. 서로를 알아 볼 수 없는 깜깜한 밤이 되면 나는 많이 울곤 했습니다. 내가 운 이유는 그토록 찾아 헤맸던 마음의 평화를 찾을 수가 없었기 때문이었습니다."

"그러던 중 나는 오스본 가족이 연 집회에 참석하여 그들이 하는 말을 귀 기울여 듣게 되었습니다. 그 때 나는 하나님이 나를 사랑한다는 사실과 그분께서 그분의 아들을 십자가에서 피 흘려 죽게 하심으로, 나의 죄가 속량⊕ 되었다는 사실을 알게 되었습니다. 그것을 알게

⊕ 속량 (Remission) - 죄가 없어져서 죄를 지었기 때문에 마땅히 받아야할 형벌을 받지 않아도 되는 것.

된 순간, 나는 내 속에서 그 어떤 중요한 일이 일어나는 것을 느낄 수 있었습니다."

"그때 어떤 사람이 나에게로 다가와 하나님과 참 평화의 관계를 갖게 되는 법에 대해 말해주었습니다. 당신이 우리에게 전한 예수를 내가 받아들였을 때, 나도 모르게 울기 시작하였답니다. 당신은 옛날에 기록된 거룩한 책이 하나님에 대해 어떻게 말하고 있는지를 우리에게 알려주었습니다. 당신이 가르치는 것을 나는 완전하게 이해할 수는 없었지만, 나는 믿었고, 그 순간 일생 동안 나를 속박하고 있었던 나의 모든 죄가 나로부터 벗겨져나가는 것을 강하게 느꼈습니다."

"당신은 그 때, 거기에 모인 많은 사람들에게, 예수를 받아들이는 기도를 따라서 하라고 하였지요. 예수를 내 삶에 모셔드리는 기도를 드렸을 때, 말로는 형언하기 힘든 굉장한 평화가 나의 심령 속으로 스며들었습니다. 나는 그때, 나의 마음과 생각이 깨끗하게 된 것을 알 수 있었습니다. 나의 심령이 변한 것입니다. 그때 나는 더 이상 영원하신 분 앞에서 불안정한 존재가 아님을 확신할 수 있게 되었답니다."

"하나님의 아들이 피 흘려 죽으심으로, 죄로 인해 혼동되고 불안한 인생을 살고 있던 나를 하나님께서 구속⊕하여 주셨다는 사실을 나는 확실히 알았습니다. 나는 예전에는 결코 마음의 평화와 기쁨을 느껴본 적이 없었습니다. 나는 내가 구원받았다는 사실을 알았습니다. 나는 그분이 주시는 기적 생명을 받았다는 사실을 알았습니다."

"그래서 나는 내가 얻은 예수에 관한 귀한 진리를 나의 가족과 이웃 사람들에게 말해주기 위해, 민간인 옷을 구해 가지고는, 절을 떠나 사람들이 살고 있는 나의 옛 고향으로 돌아갔습니다."

"나는 이제 나의 남은 인생 동안, 나를 구원해 주신 나의 주 예수 그리스도만을 섬기며 살기로 작정하였습니다. 나는 지금 무척 행복합니다!"

이 사랑스러운 노인은 성경 한권을 구했습니다. 그녀가 그렇게 한 이유는 예수에 관해 더 많이 알기를 원했기 때문입니다. 그녀는 사람들이 사는 곳으로 다시 돌아온지 얼마 되지 않아, 사람들을 모아놓고 자신이 만난 주님에 대해 가르치기 시작하였습니다. 그들은 함께 대나

⊕ 구속 (Redeem or Redemption) - 하나님에 대한 반항의 결과로부터 인간을 구출하여 주시는 창조주 하나님의 행위. 하나님의 인간 구속의 결과로, 사람들이 하나님의 계획대로 인생을 살아갈 수 있게 되었다.

무로 집을 짓고, 그 곳에서 모이기 시작하였는데, 그 대나무집은 얼마 지나지 않아 교회⊕가 되었습니다.

* * *

당신이 읽고 있는 이 책을 통해, 하나님께서는 당신이 당장이라도 기적과 같은 삶을 살 수 있도록 해주실 수 있습니다.

당신이 이 책을 통해, 그리스도께서 십자가에 죽으신 것이 당신 개인에게 어떤 의미가 있는지에 대해 배워나갈 때, 그가 죽으신 죽음이 바로 당신을 위한 죽음이라는 사실을 알고 놀라게 될 것입니다. 당신이 이 책을 읽어나가는 동안, 성경이 기록하고 있는 핵심 진리를 받아들이게 되면. 주관자 하나님의 신적 생명이 당신에게 들어가는 일이 일어나게 됩니다.

이 신적 생명을 받기 위해 당신이 애쓸 필요가 전혀 없습니다. 신적 생명을 받기 위해 당신이 해야 할 일은 단지 열린 마음으로 이 책에서 제시된 진리를 믿고 받아들이는 것입니다.

거룩한 책인 성경에 기록된 것을 믿고, 그분과 그분의 죄 없이 함에 대해 성경이 말한 것을 당신이 받아들

⊕ 교회 또는 개 교회 (church) - 예수 그리스도를 믿는 사람들이 모여 하나님을 예배하고, 서로 교제하고, 성경을 배우는 곳.

인다면, 하나님의 진리 그 자체이신 예수님(요한복음 14:6)께서 당신의 삶에 들어가시게 되는 것입니다. 당신이 열린 마음으로 이런 진리들을 받아들인다면, 진리의 씨가 당신의 마음에 심겨져서 당신의 인생은 영적으로 변화되게 됩니다. 성경은 그와 같이 영적으로 변화된 사람에 대해, "그리스도 안에서 새로운 피조물이 되었다"라고 말합니다. 만일 당신이, '나도 그 진리를 받아들여야 겠다' 는 간절한 생각으로 이 책을 읽는다면, 그러한 일이 당신에게도 일어날 것입니다.

좋은 씨는 자라서 열매를 맺게 마련입니다. 씨를 심은 사람은 씨가 싹트고 잘 자라도록 애쓸 필요가 없습니다. 씨는 좋은 땅에 뿌려지기만 하면 잘 자라서 열매를 맺게 마련입니다. 그처럼 당신의 심령에 좋은 씨를 심으면, 그 씨가 자라나 열매를 맺게 됩니다. 그 결과, 당신은 영적으로 중생⊕하는 삶, 축복받은 삶을 살게 됩니다.

씨를 뿌린 농부는 씨가 싹이 트고 자라나도록 하기 위해 애쓰지 않습니다. 씨는 자기 속에 있는 생명력으로 스스로 자라납니다. 이와 마찬가지로 우리의 심령

⊕ 중생 또는 중생하다 (Regenerated) - 다시 태어남. 영적으로 재형성되거나 재창조되는 것. 중생한 사람은 하나님의 왕족의 일원으로 귀한 삶을 살아가게 된다.

속에 뿌려진 귀한 진리의 씨 속에는 하나님이 주신 생명(력)이 있기에, 스스로 자라납니다.

* * *

성경은 예수 그리스도께서 죄인들을 구원하기 위하여 이 세상에 오셨다(디모데전서 1:15)고 기록하고 있습니다. 인간이 구원받았다는 것은 주님이 주시는 생명을 믿음으로 받아 인생이 완전히 변한다는 것을 의미하며 이것은 완전한 기적⊕ 입니다.

옛적에 기록된 성경에 의하면, 구원받는다는 것은 죄를 용서받는다, 구출받는다, 치료받는다, 육체적 정신적 및 영적으로 온전하게 된다는 것을 의미하고 또한 보존된다, 보호받는다, 돌봄을 받는다, 번영한다, 성공한다는 것을 의미합니다. 그리고 풍성한 삶을 살고 넘치는 삶을 산다는 것과 영원히 산다는 것 및 기적의 새 삶을 현재에 산다는 것을 의미합니다.

구원에 관한 성경의 여러 설명들을 살펴봄으로, 우리는 예수 그리스도를 믿는 사람 즉 거룩한 진리를 믿음으로 받아들이며 사는 사람들의 삶이 어떠한 삶인지 알 수 있습니다.

⊕ 기적 (Miracle) - 영원하신 하나님께서 인간의 삶에 개입하시는 것.

마음의 참 평화를 발견한 동남아시아에서 사는 불교를 믿던 노승. 오스본 가족이 가르치고 기도해주는 집회에 참석한 이 승려는 영원하신 하나님의 그녀를 향한 사랑을 깨닫고, 평생을 찾아 헤맸던 마음의 평안을 비로소 소유하게 되었습니다. 사랑이신 하나님께서 그녀에게 사랑을 채워줌으로 이런 일이 일어났습니다.

우리의 집회에서, 우리가 사람들에게 진리를 제시했을 때 일어난 기적들은, 수천수만의 다른 사람들에게도 동일하게 일어났습니다. 이러한 기적이 오늘날에도 일어난다는 사실은, 죽음에서 부활하신 예수 그리스도께서는 십자가에 못 박히시기 전에 그러셨던 것과 같이, 오늘날에도 사람들에게 자신의 사랑을 나타내고 계신다는 사실을 여실히 증명해 줍니다.

제 6 장
다시 태어난 창녀

한번은 우리가 인생의 진리를 사람들에게 가르쳐 주고 기도해주는 집회를 인도하고 있었을 때, 암으로 죽어가고 있던 한 창녀가 손수레에 실려 우리의 집회 장소에 왔습니다. 그녀는 벽돌로 지은 허름한 오두막집의 땅 바닥에 지푸라기를 깔고 누워, 시름시름 앓으며 죽어가고 있었는데, 그런 그녀를 본 몇몇의 여인들이 그녀를 우리 집회에 데려 온 것입니다.

여인들은 그녀에게 우리의 집회가 어떤 종류의 집회인지에 대해 말해준 후, 원하면 그녀를 집회 장소에 데려다 주겠다고 하였습니다. 여인들의 말을 들었을 때, 그녀는 사람들에게 버림받아 병으로 죽어가고 있는 자신이 그런 집회에 참석한다고 뭐 특별히 달라지는 것은 없을 것이라고 생각하였습니다. 그녀는 가톨릭을 믿는 집안에서 태어나서, 가톨릭 종교가 요구하는 여러 가지

규칙들을 지키려고 애쓰는 삶을 살아본 적도 있었습니다. 그러나 그녀의 노력에도 불구하고, 그녀는 실패감에서 헤어나지 못하게 되었습니다. 그래서 그녀는 결국 소망 없고, 자신을 멸망하게 한 창녀의 삶에 자신을 던져버렸습니다. 과거 수년간 창녀의 삶을 살았던 그녀에게 남은 것이라고는 병든 몸과 회한의 감정, 그리고 죄의식과 수치심뿐이었습니다.

여인들은 그녀에게 성경에 나와 있는 *"하나님께서 그의 아들을 이 세상에 보내신 것은 세상을 심판하려 함이 아니요, 세상이 구원을 얻도록 하려 함이다"* (요한복음 3:17) 라는 말씀을 들려주었습니다. 그러자 그녀에게 집회에 참석하면 혹시라도 자신의 몸과 마음의 병이 나을지도 모른다는 실낱같은 희망이 생겼습니다.

여인들은 손수레 위에 그녀를 올려놓은 후, 우리의 집회 장소로 그녀를 끌고 왔습니다. 그녀의 몸은 너무도 쇠약해져서, 그녀의 배 바깥쪽으로 붙어있는 커다란 암 덩어리를 제외한다면, 뼈에 가죽을 입혀 놓은 것 밖에는 아무것도 없을 정도였습니다.

그녀는 집회가 열리고 있는 공터 바닥에 눕혀진 채로, 우리가 가르치는 진리를 귀담아 들었습니다. 그래서 그녀는 창조주 하나님이 주시는 생명을 믿음으로 받는다는 사실을 알게 되었습니다.

그날 우리가 가르친 내용은 예수 그리스도의 사랑과 긍휼에 관한 것이었습니다. 우리는 그곳에 모인 사람들에게 예수 그리스도가 십자가에서 죽으셨고, 그의 시체는 동굴 무덤에 안치되었는데, 안치된 지 삼일 째 되는 날에 전능하신 하나님께서 다시 살리셨다는 실제로 일어난 사실을 전했습니다.

우리는 그분의 부활⊕ 생명이 우리에게도 들어올 수 있는데, 그렇게 되면 우리가 새 사람이 된다는 사실, 곧 병든 몸이 고침을 받고, 영과 혼과 마음이 새롭게 되어, 새로운 인생을 당장에라도 시작할 수 있다는 사실을 전해주었습니다. 그리고 우리는 그곳에 모인 사람들에게 성경⊕에 있는 약속의 말씀, 즉 *그분께서는 우리의 모*

⊕ 부활 (Resurrection) - 예수 그리스도가 죽은 무덤에 안치되었고, 안치된 지 삼일 째 되는 날 주권자 하나님의 능력이 예수에게 들어가 죽은 예수가 다시 살아나게 된 것, 이 사건은 역사적으로 있었던 사건으로 성경에 잘 기록되어있다. 예수의 부활 사건은 기독교인들의 믿음의 근본이 되는 사건이고, 기독교를 다른 종교들과 차별화하는 결정적인 사건이다. 부활하신 예수는 오늘도 살아계신다.

⊕ 성경 (Bible) - 2000년이라는 긴 세월동안 시대를 달리하는 40명의 사람들이 모든 피조물들을 향한 영원하신 하나님의 계획이라는 한 가지 주제를 놓고 쓴 66권으로 구성된 고대의 책.

든 죄를 용서해 주시고, 우리의 모든 질병을 고쳐주신다 (시편 103:3) 는 약속의 말씀을 전해주었습니다.

이러한 가르침을 마친 후, 우리는 모인 군중들로 하여금 주님이 주시는 구원이라는 선물을 받아들이는 기도를 할 수 있도록 도와주었습니다. 이때, 그 불쌍한 여자는 하나님께서 자신을 사랑하셔서 자기가 지은 모든 죄를 사해주시고, 그분의 새로운 생명을 자기에게 주셨다는 사실이 이해가 되어서, 그러한 사실을 진리로 믿고 받아들였습니다.

이러한 사실을 믿게 되자, 그녀는 자신의 모든 죄가 용서 받았음을 확신할 수 있었습니다. 이 때, 하나님이 주시는 하나님의 새로운 생명이 그녀 속으로 들어갔습니다. 그래서 그녀는 드디어 주권자 하나님이 주시는 하나님의 생명과 영을 받고 다시 태어나게 되었습니다.

그녀는 내면에서부터 솟구쳐 나오는 기쁨을 감당하지 못해 손수레위에 누워 눈물을 흘리며, 하나님께서 자기와 같은 사람에게 평화를 주심에 감격하여 감사의 기도를 올렸습니다. 그녀는 지난 몇 주 동안 전혀 일어나지 못하고 있었습니다. 그러나 그녀는 주위에 있는 그녀의 친구들의 팔을 붙잡고 일어났습니다.

그녀 주위에 있던 사람들이 그녀가 일어나는 것을 보고 기뻐하였습니다. 그녀는 자신의 마음속에서부터 흘러나오는 평화와 기쁨에 감격하여 자신이 암 환자라는 사실을 까맣게 잊고 있었습니다. 그러다 어느 순간 그녀는 자신의 배에 붙어있던 커다란 암 덩어리가 온데간데없이 사라져버렸다는 사실과 힘이 하나도 없었던 팔과 다리에 힘이 생겼다는 사실을 알게 되었습니다. 그녀가 구원을 받음으로 그녀의 죄가 없어지는 기적만 일어난 것이 아니라, 그녀의 병이 없어지는 기적도 같이 일어난 것입니다. 그녀가 하나님이 주시는 기적의 생명을 받게 되자, 그런 일이 순식간에 일어난 것입니다.

그녀는 스스로의 힘으로 군중을 뚫고 앞으로 걸어 나와 단상으로 올라갔습니다. 단상 위에 선 그녀는 팔을 하늘을 향해 높이 들면서 울었습니다. 이때 그녀의 얼굴은 마치 천사와 같아보였습니다.

그날부터 그녀의 인생은 완전히 변하였습니다. 성경은, 그녀의 경우에서 보듯이, 우리가 하나님의 기적 생명을 받아들일 때 일어나는 인생의 기적과 같은 변화에 대해, *'옛 것은 지나갔다. 보라, 새것이 되었다'* (고린도후서 5:17) 고 말하고 있습니다.

그 여인은 이후로 신자⊕들이 모여 주님을 예배하는 모임에 참석하기 시작하였습니다. 그리고 그녀는 또한 자신이 체험한 예수 그리스도가 어떤 분이신지를 다른 사람들에게 증언⊕하는 사람이 되었습니다. 주님에 대한 지식이 점점 깊어지고 믿음이 자라나게 되자, 그녀는 그리스도의 사랑을 사람들에게 전하는 사역에 매진하였습니다.

그녀가 하나님으로부터 받은 것은 하나님의 생명이었습니다. 이 생명은 예수 그리스도를 믿고 받아들이는 사람은 누구나 받을 수 있는 생명입니다.

성경은 이에 대해, *하나님이 주시는 선물은 영원한 생명이다* (로마서 6:23) 라고 말하고 있습니다.

우리의 집회를 통해 이 여자 외에도 그 수를 헤아릴 수 없을 정도로 많은 사람들이 하나님의 영원한 기적 생명을 받았습니다. 이러한 사실들은 예수 그리스도가

⊕ 신자 또는 신자들 (Believer or Believers)- 성경이 증거하고 있는 예수 그리스도를 삶의 구원자와 주로 받아들여, 그분과 개인적인 관계를 맺고 사는 사람 또는 사람들.

⊕ 증거 또는 증언 (Witness) - 예수를 믿지 않는 사람들이 하나님과 관계를 맺을 수 있도록 하기 위한 목적을 갖고, 하나님의 사랑과 그분의 기적 생명을 믿지 않는 사람들에게 전할 때, 예수를 믿는 사람들이 취하는 말과 행동.

죽음을 이기고 다시 살아나셨다는 것과 그분께서는 지금도 살아 계시다는 것, 그리고 그분은 자신이 죽임을 당하기 전에 사람들에게 베풀었던 기적과 사랑을 오늘날에도 사람들에게 베풀고 계시다는 사실을 증명해주고 있습니다. 성경은 이에 대해, '*그분께서는 어제나 오늘이나 영원토록 동일하시다*'(히브리서 13:8) 라는 말로 대신하고 있습니다.

주님이 부활하셨다는 사실은 그분이 이 세상 그 어떤 종교의 그 어떤 훌륭한 영적인 선생들과 분명히 구별되는 분이시라는 사실을 증명하여 줍니다. 그분은 자신이 이 세상에서 활동하셨을 때, 사람들에게 예언하신대로 다시 살아나셨습니다. 그렇기 때문에 그분만이 우리의 참된 영적 지도자가 될 수 있습니다.

창녀로 살아왔던 그녀가 기적적으로 경험했던 것을 우리는 구원, 구속 또는 중생(다시 태어남)이라고 부릅니다. 그리고 그런 사람에 대해서는 구원받았다라고 말하거나 또는 새로운 피조물이 되었다고 말합니다. 같은 의미의 말이긴 하지만, 어떤 경우에는 그리스도를 믿고 따르는 사람이 되었다라고 하거나 그리스도인⊕ 이 되었다

⊕ 그리스도인 (Christian) - 성경이 증거하고 있는 예수 그리스도를 믿기로 결정한 사람.

라고 합니다. 우리가 그런 사람을 다시 태어난 사람이라고 표현하는 이유는 예수께서 '누구든지 다시 태어나지 않는 사람은 하나님 나라를 볼 수 없다'고 말씀하셨고, '내가 너에게 다시 태어나야만 한다라고 말한 것을 이상하게 여기지 말라'고 말씀하셨기 때문입니다.

티 엘 오스본과 그의 딸 라도나 오스본이 여러 대륙을 돌아다니며, 사람들에게 하나님의 빛 된 진리를 전해주고 있습니다. 그들의 가르침을 통해 세상의 여러 문화와 다양한 종교들에 속해 있는 수백만 명의 사람들이 하나님이 주시는 인생의 새로운 목적을 발견하고는 마음의 깊은 평화를 얻게 되었습니다.

오스본 가족들이 수천 명의 우크라이나 사람들에게 하나님이 주시는 희망과 사랑을 부어주었습니다.

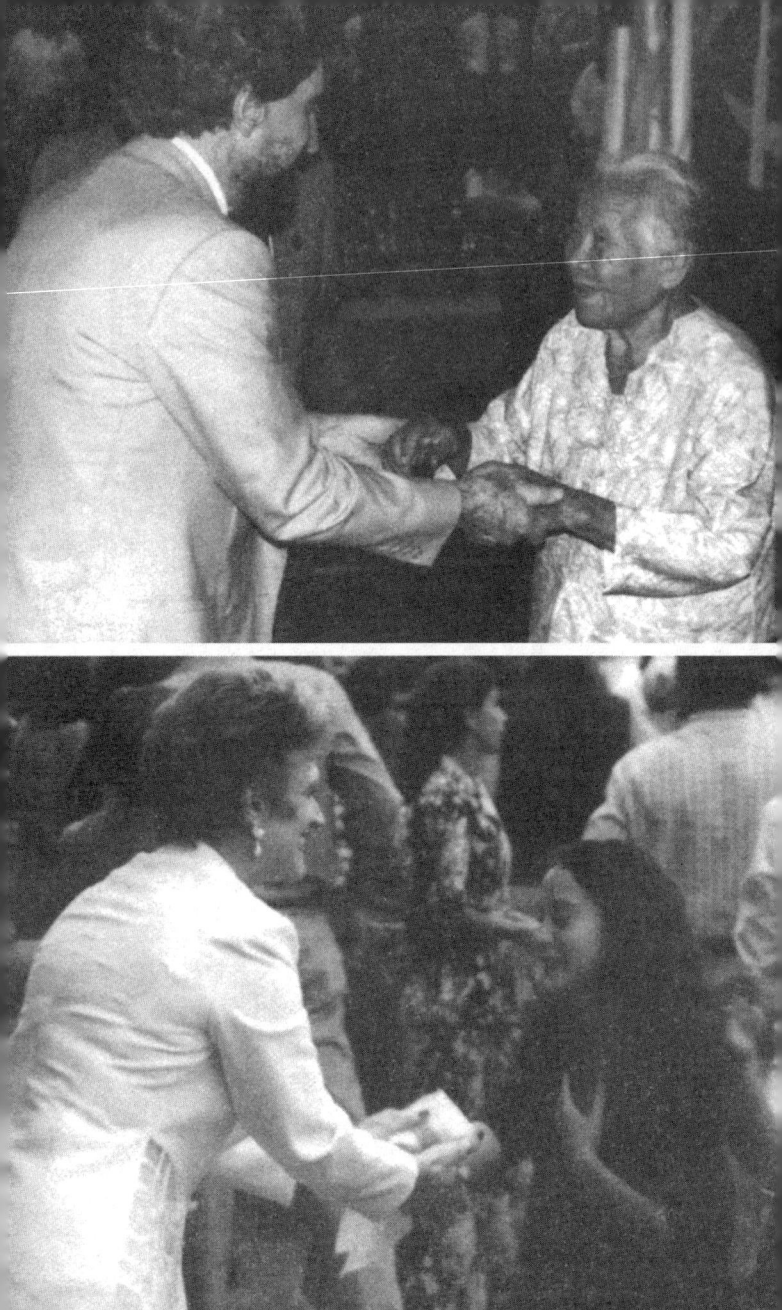

"우리는 그동안 거의 백여 개의 나라를 돌아다니면서 목격하였던 수없이 많은 사람들의 경험을 토대로 이 책을 만들었습니다. 중국에서 살고 있는 공산주의자들도, 이슬람 국가에서 살고 있는 모슬렘 교도들도, 그리고 나이가 많든 적든, 남자든 여자든 관계없이, 모든 사람들이 영원하신 창조주에 관한 진리를 찾고 있습니다. 주님만이 유일한 길입니다."

티 엘 오스본과 라도나 오스본

(종교의 자유가 제한된 나라를 방문하여 찍은 사진이기에, 사람들의 얼굴을 희미하게 처리하였습니다.)

사람을 완전히 새 사람으로 바꾸어 줄 수 있는 종교는 이 세상 그 어디에도 없습니다. 여러 종교들에서 행하는 종교 의식, 예배 및 신앙 신조들은 피상적일 뿐이기에, 인간을 새 사람으로 바꾸는 힘이 없습니다. 그러나 전능하신 하나님이 주시는 생명은 옛 선지자들이 오랫동안 전하여 온 성경에 기록된 진리를 믿는 사람을 온전히 변화시킬 수 있는 기적을 창출할 수 있습니다.

제 7 장
힌두교를 믿는 장님

우리가 인도에서 하나님의 진리를 가르치고 하나님께 기도드리는 집회를 열고 있을 때, 힌두교를 믿는 어떤 장님이 사람들의 인도를 받아 우리 집회에 참석하였습니다. 그 사람은 여러 해 동안 눈이 멀어 아무것도 보지 못했으며, 하나님이란 존재가 인간에게 관심을 갖고 계신 존재라는 말을 일생동안 단 한번도 들어본 적이 없는 사람이었습니다. 그는 또한 예수 그리스도란 존재에 대해서 한번도 들어본 적이 없는 사람이었습니다.

우리는 이 때 집회에 모인 사람들에게 하나님의 사랑이 어떤 사랑인지에 대해, 그리고 그리스도께서 우리가 받아야 할 죄의 대가를 대신 치르시기 위해 심한 고통을 겪으시다 죽으셨고, 그 결과 우리가 악한 영적 존재의 손아귀에서 놓임을 받았다는 사실들을 전하였습니다. 이러한 우리의 가르침을 그 장님은 귀를 기울여 들었습니다.

우리는 또한 그리스도가 십자가에서 죽으신 사건과 그 사건이 인간에게 주는 의미에 대해 설명하였습니다. 그리고 예수가 처형당한 십자가 형벌이 인간이 받아야 할 형벌인 이유는 인간이 하나님께 죄를 지었기 때문이라는 사실에 대해서 설명해 주었습니다. 그리고 성경은 죄의 삯은 사망(로마서 6:23)이라고 말하고 있다는 것도 알려주었습니다.

이와 아울러 우리는 모인 사람들에게, 그분의 인간에 대한 사랑이 그분으로 하여금 인간의 수준으로 내려오도록 하였고, 죄로 인해 죽어야 할 장본인은 우리임에도 불구하고, 그분이 우리 대신 죽으셨다는 사실을 알려주었습니다. 또한 우리는 이러한 사실을 믿고 받아들이는 사람은 누구나 영적인 죽음에서 벗어나 하나님과 다시 교제할 수 있다는 사실에 대해 가르쳐주었습니다. 이와 함께, 우리는 사람들에게 우리가 죽어야 할 자리에 예수가 대신 죽은 것이기에, 예수가 우리 죽음을 대신하였다는 점을 강조하여 설명해 주었습니다.

이때 우리가 전하는 이야기를 가만히 듣고 있던 장님이 울기 시작하였습니다. 그는 나중에 우리에게, "저는 평생 동안 예수 그리스도에 대해 들어본 적이 한번도 없었습니다. 당신들이 예수에 관해 이야기하는 것을 들었을 때, 저는 온 우주를 만드신 분이 마치 바로 제 옆에 와 계신 것과 같은 느낌을 받았습니다. 그래서 저는 당신들이 전해주는 이 귀한 진리를 믿고 받아들여야겠다고 결심하였습니다. 제가 그렇게 하기로 마음에 결정을 내렸을 때, 저의 모든 죄가 씻겨져 내려가는 것을 느낄 수가 있었습니다. 제가 그 선하신 분께서 흘리신 피에 대해 생각하자, 제가 깨끗하게 되는 것을 느낄 수 있었습니다."

"저는 그 자리에서 한 발짝도 움직이고 싶지 않았습니다. 제가 당신들이 전해준 진리를 받아들이자, 제 마음 속에는 깊은 평화가 깃들었고, 저도 모르게 눈물을 흘렸습니다. 저를 그 장소까지 데려다 준 청년은 제가 하나님의 기적 생명을 받아들이자 기뻐서 어찌할 바를 몰라 하였습니다. 당신들이 말한 예수는 제 옆에 계신 분이셨다는 사실을 비로소 깨닫게 되었지요. 그래서 저는 지체하지 않고, 예수를 저의 마음에 모셔 들였습니다."

"저는 영접기도를 마치고 울고 있었습니다. 이 때, 오랫동안 장님으로 살아온 저는, 저의 두 눈이 평상시와는 다르게 느껴지고 있다는 사실을 알게 되었습니다. 그래서 저는 눈을 살며시 떠보았습니다. 그런데 **놀랍게도 주위의 사람들과 물체가 제 눈에 들어오는 것이었습니다. 저는 시력을 잃게 된 지난 몇 년 동안 아무것도 보지 못하고 살았었는데, 예수님께서 저의 시력을 회복시켜주셨습니다.** 그분은 정말로 능력이 대단하신 구원자이십니다. 저에게 예수를 전해주신 당신들께 깊은 감사를 드립니다. 저는 가난한 눈먼 농부로 이제껏 살아왔습니다. 그러나 이제 저는 예수 그리스도를 따라가는 사람이 되었습니다. 저는 이제 모든 것을 보며 살 수 있게 되었습니다."

그 어떤 인간의 언어로도 하나님의 크신 사랑을 완전하게 표현할 수는 없습니다. 이 사람은 전능하신 하나님이 주시는 기적 생명을 받아들여, 인생이 기적과 같이 변화되었습니다. 이 장님이 경험한 기적은 예수 그리스도가 오늘날도 살아 계시다는 사실을 여실히 증명해주고 있습니다. 예수 그리스도만이 참되고도 유일한 영적 교사요 지도자이신데, 그 이유는 그분만이 사망을 이기시고 다시 살아나심으로 자신이 살아생전에 가르치셨던 가르침이 진리임을 증명하셨기 때문입니다.

* * *

사람을 완전히 새 사람으로 바꾸어 줄 수 있는 종교는 이 세상 그 어디에도 없습니다. 여러 종교들에서 행하는 종교 의식, 예배 및 신앙 신조들은 피상적일 뿐이기에, 인간을 새 사람으로 바꾸는 힘이 없습니다. 그러나 전능하신 하나님이 주시는 생명은 옛 선지자들이 오랫동안 전하여온 성경에 기록된 진리를 믿는 사람을 온전히 변화시킬 수 있는 기적을 창출할 수 있습니다.

내가 당신에게 전하려고 하는 것은 여러 종교들 중의 하나가 아니라, 창조주 하나님이 주시는 기적 생명입니다. 하나님께서는 자신의 기적 생명을 그 어느 나라, 그 어느 문화에 속한 사람이든 상관없이, 그분의 말씀⊕을 믿고, 그분을 따르기로 결정한 모든 사람에게 주십니다.

종교는 사람을 구원하지 못합니다. 인간이 구원을 받기 위한 유일한 방법은 영원히 살아계시는 하나님의 영원한 기적 생명을 받는 방법뿐입니다. 그 방법으로만 구원을 받아, 참 진리를 알게 되고, 그 결과 마음에 참 평화를 누리며 살 수 있습니다.

⊕ 그분의 말씀 (His Words) – 초자연적이신 하나님에 의해 신적 영감을 받은 사람들이 쓴 "하나님의 말씀"이라고 불려지는 구약성경과 신약 성경으로 이루어진 책, 또는 그 책 속에 기록되어져 있는 하나님께서 하신 말씀.

성경에 쓰여 있는 대로, 예수가 십자가에서 당신을 위해 죽으셨다는 사실을 믿으면, 당신의 삶에 기적이 일어납니다. 성경은 '하나님의 말씀을 들음으로 믿음이 온다' (로마서 10:17)고 말하고 있습니다. 이 말을 쉽게 풀어쓰면, 예수가 우리 인간 모두를 위해 하신 일이 무엇인지를 듣고, 그 일이 바로 "나"를 위한 일이란 것을 깨닫게 되면, 믿음이 생긴다는 말입니다.

이제 우리는 새 기적 생명을 얻어, 진리를 깨닫고, 변화된 귀한 새 인생을 산다는 말이 무엇을 의미하는 지에 대해 구체적으로 설명하고자 합니다.

오스본의 진리를 가르치고 사람들에게 기도해 주는 집회에 운집한 군중들

폰스, 푸에토리코

루붐바시, 콩고

카바나투안, 필리핀

캄팔라, 우간다

마두라이, 인도

라고스, 나이제리아

자카르타, 인도네시아

산 페르디난도, 트리니다드

> **당신은** 실패로 얼룩진 가난한 인생, 수치와 죄로 가득 찬 외로운 인생, 영원한 죽음으로 향해 가는 인생과 하나님과 단절된 삶을 떠나 완전히 변화된 새 삶을 살 수 있습니다.

제 8 장

오직 한 길

 당신은 물에 빠져 허우적대는 사람을 향해 줄을 던져 사람을 살려본 적이 있나요? 죽어가는 사람을 살렸을 때의 기쁨은 그 어떤 세상일을 성취했을 때의 기쁨과는 과히 견줄 수 없을 정도로 대단합니다. 우리가 확신에 차서 말할 수 있는 이유는, 우리는 사람들을 살린 경험이 많이 있기 때문입니다.

당신은 사람의 생명을 구해본 적이 있나요?

당신이 죽어가고 있을 때 다른 사람에 의해 살아난 경험이 있나요?

잠시 동안 살다가 없어지는 육체가 그토록 귀하다면, 영원히 사는 영은 훨씬 더 귀합니다. 그러므로 자기의 영이 구원받는 것은 참으로 귀한 일이 아닐 수 없습니다. 그렇다면 당신의 영은 초월자 하나님이 주시는 새 기적 생명을 받은 경험이 있나요?

당신은 구원받았나요? 당신은 영원하신 하나님의 기적 생명을 받아 변화된 사람인가요?

창조주 하나님께서 주시는 하늘의 생명을 받지 않고 죽은 사람은 하나님과 영원히 분리됩니다. 그렇게 죽은 사람은 영원히 구원받지 못하게 됩니다.

* * *

우리가 이 책을 쓴 목적은 이 책을 읽는 사람들이 믿음으로 하나님의 기적 생명을 받아 삶이 변화되도록 하기 위해서 입니다.

당신은 분명 죄에서 구원받을 수 있고, 당신의 질병은 치료될 수 있고, 당신이 겪고 있는 실패와 가난은 물러갈 수 있고, 당신이 느끼고 있는 수치심과 죄책감은 더 이상 당신을 묶을 수 없도록 할 수 있습니다. 당신은 죽음과 같은 삶과 하나님과의 관계가 끊어진 삶에서 나와 전혀 다른 인생을 살 수 있습니다. 이 책은 어떻게 하면 당신이 그런 삶을 살 수 있는지에 대해 설명해 주는 책입니다. 당신이 원하기만 한다면, 당신은 이 책을 통해 새로운 삶으로 향하는 길을 인도받아, 이 책을 다 읽기 전에 새 삶을 살기 시작하게 될 것입니다.

그렇게 되기 위해서 당신은 먼저 인간의 최초의 죄가 무엇인지, 죄의 결과가 얼마나 무섭고 엄청난지, 그리고 왜 그리스도가 십자가에 달려야만 하였는지에 대해 이해해야 합니다. 그런 것들을 이해하기 위해, 오래전에 기록된 성경이 인류의 역사에 대해 뭐라고 말하는지를 당신에게 간단하게 알려주겠습니다.

태초에 하나님께서 첫 인간 아담과 이브를 지으셨습니다. 아담과 이브는 아름답고 풍요로운 에덴동산에서 깨끗하고 건강한 삶, 죄가 없는 행복한 삶을 살고 있었습니다. 그 당시 그들은 아무런 죄의식이나 두려움, 정죄의식 및 열등감 없이 살고 있었고, 하나님과 함께 동산을 거닐며 살고 있었습니다. (창세기 1:26-31)

그 때 인간의 원수인 사탄⊕이 창조주의 말씀에 거역하도록 아담과 이브를 유혹하였습니다. 그 결과 아담과 이브는 하나님이 먹지 말라고 명령한 나무의 열매를 따 먹었습니다. (창세기 3:1-6) 이렇게 그들이 하나님의 말씀을 불순종한 것이 바로 인간의 최초의 죄입니다. 하나님은 정의의 하나님이시기 때문에 죄를 범한 사람들에 대해 심판을 내리지 않을 수 없으셨습니다. 이에 관해 성경은 *죄를 범한 사람은 죽게 되고* (에스겔 18:4,20) *죄의 삯*

⊕ 사탄 (Satan) - 창조주 하나님을 거역한 하나님의 피조물로서, 최초의 인간인 아담과 이브를 속여 그들로 하여금 하나님을 배반하도록 한 영적인 존재.

은 죽음이라고 (로마서 6:23) 밝히고 있습니다.

아담과 이브가 지은 인류 최초의 죄가 아담과 이브 이후에 태어난 모든 사람들에게 전가되었습니다. 즉 아담과 이브 이후에 태어난 모든 사람들은 원죄를 가지고 태어나게 된 것입니다. 이것에 관해 성경은, '*한 사람 [아담] 에 의해 죄가 세상에 들어왔으며, 죄로 인해 죽음이 생겨났고, 모든 사람이 죄를 범하였기 때문에 죽음이 모든 인류에게 미쳤다*' (로마서 5:12) 고 기록하고 있습니다.

죄를 범한 이후, 아담과 이브는 더 이상 창조주 하나님과 에덴동산을 걸을 수 없었습니다. 그 이유는 그들이 하나님의 말씀을 신뢰하지 않았고 그분의 말씀에 불순종했기 때문입니다. 그 결과 그들과 그들의 후손들은 창조주 하나님과 분리되어, 인간의 대적인 사탄의 종으로 살아갈 수밖에 없게 되었습니다. 그들은 파멸을 자초했고 그 결과 그들을 사랑하시는 창조주 하나님과 단절된 채로 살다가, 결국 죽음을 맞이할 수밖에 없게 되었습니다.

하나님의 변하지 않는 법은 죄를 범하는 자는 누구든지 죽어야만 하는 법입니다. 하나님이 정하신 법을 바꿀 수 있는 존재는 아무도 없습니다. 성경은 다음과 같이 말하고 있습니다: *하나님께서는 사람이 죄로 인해 죽는 것을 기뻐하지 않으신다.* (에스겔 18:32, 33:11) 그분

께서는 아무도 멸망하길 원하지 않으시고, 모든 사람들이 회개하기를 바라신다. (베드로후서 3:9)

하나님께서는 인간을 너무도 사랑하시기에, 본인이 스스로 세우신 정의의 법을 깨지 않으면서도, 인간을 죄로 인한 죽음에서 구해낼 수 있는 유일한 방법(길) 한 가지를 도출해 내셨습니다.

이 방법에 관해 성경은, *하나님께서 이 세상을 너무도 사랑하셔서, 그분의 외아들을 주셨는데, 이는 누구든지 그를 믿는 자는 멸망하지 않고 영원한 생명을 얻도록 하게 하려 함이다* (요한복음 3:16) 라고 말하고 있습니다.

축복의 주 하나님께서 자신의 아들을 이 땅에 보내셔서, 모든 인간의 죄를 지고 죽게 하시는 방법을 도출해 내셨습니다. 이 땅에 오신 하나님의 아들은 이 세상에서 죄 없이 사신 분이십니다.

그분이 이 세상에 오신 것은 기적입니다. 그분은 인간의 후손이 아니십니다. 그분은 성령 ⊕ 하나님이 기적을 행하셔서, 하나님의 생명의 씨가 마리아라는 이름을 가진 처녀의 모태에 심겨짐으로 태어나신 분이십니다. (누가복음 1:28-32; 1:35)

⊕ 성령 (Holy Spirit) – 하나님의 영. 영원하신 하나님의 현존하시는 영적 임재 및 그분께서 나타내시는 능력.

모든 인간에게는 자신을 태어나게 한 육신의 아버지의 피가 흐릅니다. 그러나 예수에게는 그런 육신의 아버지의 피가 흐르지 않습니다. 그 이유는 예수는 인간의 후손이 아니라 **하나님의 후손**이기 때문입니다.

예수는 육신으로는 인간이었지만, 이 땅에서 하나님의 기적 생명을 갖고 사셨습니다. 그분은 인간의 육을 입고 사신 하나님이십니다! 그러기에 성경은, '말씀 [여기서 말씀은 하나님의 아들 예수를 지칭합니다]*이 곧 하나님이다*' (요한복음 1:1) 라고 선언하였고 '*말씀이 육신이 되어 우리 가운데 거하셨다*' (요한복음 1:14) 고 천명하였습니다.

그리스도가 오시기 수백년 전에 살았던 한 저명한 선지자는 한 아이가 처녀의 몸에서 태어나게 되는 희한한 일이 장차 일어나게 될 것이라고 예언한 바 있습니다. 즉 그 선지자는 *처녀의 몸에서 태어난 사람의 이름은 임마누엘이 될 것인데, 그 뜻은 '하나님이 우리와 함께 하신다라는 뜻이다*' (마태복음 1:22-23) 라고 예언하였습니다.

인간은 자신이 지은 죄의 값을 치른 후에는 절대로 다시 살 수가 없는데; 그 이유는 죄의 값은 죽음이기 때문입니다. 이 세상에서 죄를 짓지 않은 사람은 한 사람도 없기 때문에, 모든 인류는 죽어야만 합니다. 그러나 예수는 인간들이 죽지 않도록 하시기 위한 목적으로 이 세상에 오셨습니다.

그분은 죄를 지으신 적이 한번도 없는 분이시기에, 인간이 받아야 할 죽음이라는 심판을 대신 받을 자격을 갖추신 분이십니다. 그래서 그 분은 인간이 죽어야 할 죽음을 대신하여 죽으셨습니다. 즉 그분은 우리의 죽음에 관한한, 인간의 대리자가 되신 것입니다. 하나님이신 구원자께서 우리를 너무나 사랑하셔서, 자신이 직접 인간이 되셔서, 인간을 대신해서 죽으셨고, 그 대신 인간을 살리셨습니다.

그렇기 때문에 유대의 선지자 요한은 예수를 보는 순간, 즉시 그분을 가리키며 사람들에게, "보라 세상의 죄들을 없애주시는 어린 양이시다" (요한복음 1:29) 라고 말하였습니다.

예수님께서는 인간의 죄를 인간 대신 뒤집어쓰시고 저주를 받아 십자가에 못 박혀 죽으셨습니다. 그분은 십자가의 죽음을 통해 자신이 갖고 있던 하나님 생명을 모든 인간에 대한 죄의 값으로 지불하셨습니다. 그분은 우리가 죽어야 할 자리에서 대신 죽으심으로, 인간들의 죄값을 담당하셨습니다. *하나님의 친 아들이신 그분이 자기 자신을 모든 사람들의 대속물로 내어놓으셨습니다.* (디모데전서 2:6)

생명이신 하나님은 이렇게 말씀하셨습니다: *너희의 죄를 없애주려고 내가 너희에게 그 피를 제단에 바치는 제물로 주었다. 피가 인간의 죄를 속하기 때문이다.* (레위기 17:11)

또한 예수님께서는 자신이 흘릴 피에 대해 말씀하실 때, *이것은 많은 사람들의 죄를 없애기 위해서 내가 흘리는 새 약속의 피* (마태복음 26:28) 라고 하셨습니다.

옛 선지자 이사야는, '*주 하나님께서 그 [예수]에게 모든 사람의 죄를 올려놓으셨다*' (이사야 53:6) 고 하였고, '*인간의 죄로 인해 그분이 고초를 겪으셨다*' (이사야 53:8) 고 말하였습니다. 또한 이사야 선지자는, '*그분이 모든 사람을 위한 희생 제물이 되셨다*' (이사야 53:10-11), '*그분이 많은 사람들의 죄를 담당하셨다*' (이사야 53:12) 고 하였습니다. '많은 사람들의 죄'에는 나의 죄와 당신이 지은 죄가 포함됩니다.

영원하신 하나님의 아들이신 예수 그리스도는 이미 지금으로부터 이천 여 년 전에 인간의 죄로 인한 심판을 홀로 받으셨습니다. 이러한 사실을 믿고 받아들였던 사도 바울은, '*내가 너희들에게 복음*⊕ *을 전하였고… 이 복음으로 인하여 너희가 구원을 받게 되었다*' (고린도전서 15:1-1) 고 하였습니다.

사도 바울은 또한, '*세상 지혜로는 하나님을 알 수 없다. 하나님께서는 전도라는 어리석은 방법으로 믿는 사람들을 구원하시는 것을 기뻐하셨다.* (고린도전서 1:21) *우리가 십자가에서 죽으신 그리스도를 전하는데 이 십자가는 (믿지 않는 사람들에게는) 거치는 돌로 보이고 어리석게 보인다.* (고린도전서 1:23) *그러나 우리가 복음을 받아들이면 십자가 복음은 하나님의 능력이 된다*' (고린도전서 1:18) 고 하였습니다.

* * *

지구에는 남극점과 북극점이 있는데, 이 두 극점에는 지남철의 두 극처럼 자장이 작용하고 있습니다. 그러나 보통 사람이 두 극점이 있다는 사실을 이해하기는 쉽지 않습니다. 또 인간의 그 어떤 눈도 이 극점 사이에 작용하는 자장을 볼 수 없습니다. 그러나 우리는 남극점과 북극점에 자장이 있다는 사실을 믿음으로 받아들입니다. 그러기에, 비행기나 배를 몰고 북극 쪽이나 남극 쪽으로 가는 사람들은 눈에 보이지 않는 극점을 좌표로

⊕ 복음 (Gospel) – 인간을 사랑하시는 하나님께서 소망 없이 살아가는 인간에게 자신의 기적 생명을 주심으로 인간의 삶이 역전될 수 있도록 하는 것에 관한 좋은 소식. "복음서" (Gospels)에 대한 정의를 보려면 이 책의 말미에 있는 "용어 해설"을 참조하라.

이용하여 목적지에 도달하는 것입니다.

전기에 대한 이해가 없어도, 또한 라디오와 전화기가 어떻게 작동하는지 그리고 텔레비전과 컴퓨터가 어떻게 작동하는 지에 대한 이해가 없어도, 우리는 그런 것들을 얼마든지 이용할 수 있습니다.

이와 마찬가지로 어째서 예수가 당신의 죄를 대신해서 형벌을 받을 수 있는지에 대해 이해가 없어도, 당신은 그런 사실을 믿어 구원 받을 수 있습니다. 그렇게 되면, 전능하신 하나님이 소유하고 계신 하나님의 기적 생명을 당신도 받게 됩니다.

십자가에서 숨을 거두시기 직전에, 그분은 '*다 이루었다*'(요한복음 19:30) 고 말씀하셨습니다.

예수님의 이 말은 우리가 받아야 할 죄에 대한 대가를 그분이 받으셨고, 이로 인해 우리의 죄가 말끔하게 정리되었다는 말입니다. 그분이 우리 죄에 대한 형벌을 대신 받으셨기에, 우리가 우리의 죄에 대한 형벌을 받을 필요가 없는 것입니다. 그분이 우리를 대신하여 죽으셨기 때문에, 그분이 가지고 사셨던 하나님의 기적 생명이 우리의 생명이 되었습니다.

그 어떤 빚도 일단 청산이 되면 다시 갚을 필요가 없습니다. 인간의 모든 죄의 빚이 예수의 죽음으로 다 청산되었습니다. 그러므로 이러한 사실을 믿고 받아들인 사람에게는 더 이상 죄의 빚이 없습니다. 성경은, '*죄의 값은 사망*'(로마서 6:23) 이라고 말하고 있고, 여기에 덧붙여, *그리스도께서 우리의 죄 때문에 죽으셨다* (고린도전서 15:3) 고 선언하고 있습니다. 예수가 이미 우리가 지은 죄에 대한 죄의 값을 치르셨기 때문에, 죄에 대한 형벌을 우리가 다시 받아야 할 필요가 없게 된 것입니다.

예수가 우리를 사탄의 손아귀에서 구해내시기 위해 우리 대신 죽으셨기 때문에, 우리는 사탄의 손아귀에서 완전히 벗어날 수 있게 되었습니다. 그러므로 우리의 대적 사탄은 우리를 재차 위협하거나 저주할 수 없습니다. 하나님의 아들의 희생을 통해, 사랑의 하나님께서 우리에게 주시는 공짜 선물이 바로 구원입니다. (로마서 6:23)

그러기에 사도 바울은, '*예수 그리스도 안에 있는 사람들에게는 유죄 판결이 면제되었다*'(로마서 8:1) 고 하였습니다.

* * *

우리는 다음의 장들에서, 당신이 만일 성경에 기록된 내용을 믿고 받아들이면, 당신에게 정말로 일어날 수 있는 기적적인 일들이 어떤 것인지에 대해 쉽게 이해가 되는 실화 몇 개를 들려주겠습니다. 이 몇 가지 실화들은 우리의 집회에서 정말로 일어났던 일들입니다. 실제로 일어났던 사건들을 읽어나갈 때, 당신은 예수를 믿음으로 삶이 변한다는 것이 당신에게 어떤 의미가 있는지에 대해 좀더 잘 이해하게 될 것입니다.

이러한 기적적인 놀라운 사건들을 통해 증명된 하나님의 무한한 은혜⊕는, **"영원하신 분의 기적 생명을 받아 삶이 변화된다는 말이 도대체 무슨 말인가?"**라는 당신의 질문에 대한 해답을 제공해 줄 것입니다.

⊕ 은혜 (Grace) – 인간 자신의 죄의 정도나 하나님에 대한 반응 정도와는 상관없이 인간을 향해 일방적으로 부어지는 하나님의 사랑.

기적 생명을 경험하려면 특정한 철학 이론을 받아들여야 하는 것이 아니라, 특정한 존재를 받아들여야 합니다. 기적 생명을 얻게 되는 것은 종교로도 안 되고, 종교 의식으로도 안 됩니다. 하나님의 생명을 받아야 하는 것입니다. 기적 생명은 실체이고 경험할 수 있는 것입니다. 기적 생명을 받는다는 것은 종교 의식에 참여하는 것과는 아무 관련이 없습니다. 기적 생명을 받는다는 것은 새 피조물 – 창조주 하나님이 주시는 기적 생명을 받아 변화된 새 사람 – 이 되는 것입니다.

제 9 장
새 생명 얻기

영원하신 하나님의 기적 생명으로 인해 변화된 삶을 산다는 것이 무엇을 의미하는 지에 대해 알아봅시다. 하나님의 기적 생명을 받아, 삶이 변화된다는 것은,

첫째 : **하나님의 자녀가 된다는 것**을 의미합니다.

하나님께서 그리스도를 영접하는 자에게는 누구에게나 하나님의 자녀가 되는 권세를 주셨다 (요한복음 1:12)고 성경은 말하고 있습니다.

예수님이 하신 말씀은 성경에 기록되어 있습니다. 그분은 매우 종교적인 사람인 니고데모에게, *너는 다시 태어나야만 한다* (요한복음 3:7)고 말씀하셨고 또한 *사람이 다시 태어나지 않고서는 하나님 나라를 볼 수 없다* (요한복음 3:3)고 하셨습니다.

처음 인간인 아담이 죄를 지음으로, 아담 이후에 태어난 모든 사람들이 그 죄를 갖고 태어났습니다. 그러

므로 세상 모든 사람들은, 한명도 예외 없이, 태어날 때 이미 죄를 갖고 태어납니다. 그렇기 때문에 예수는 태어날 때부터 죄인인 모든 인류에게 반드시 **다시** 태어나야만 한다고 말씀하셨습니다.

니고데모는 모세의 옛 율법을 철저하게 지키는 유명한 교사였고 옛 선지자들로부터 물려받은 전통을 철저히 준수하는 사람이었습니다. 그는 안식일을 지켰고, 모세가 지키라고 명한 십계명을 범하지 않았으며, 십일조를 꼬박꼬박 하였고, 회당에서 열리는 모든 종교 행사에 다 참석하였습니다. 또한 그는 그가 베푼 여러 가지 선한 일들로 인해 사람들로부터 존경을 받았습니다. 얼핏 보기에는 무결점의 삶을 산 것처럼 보이는 니고데모에게 예수는 하나님 나라에 들어가려면, 다시 태어나 새로운 사람이 되어야 한다고 말씀하신 것입니다.

예수로부터 이러한 말을 들은 니고데모는, 예수가 자신보고 육체적으로 다시 한번 태어나야 한다고 말씀하시는 줄로 생각했습니다. 그러나 주님은 자신의 말을 잘 이해하지 못하고 있는 그에게, *육으로 난 것은 육이고 영으로 난 것은 영이다* (요한복음 3:6)라고 말씀하셨습니다.

예수님께서는 우리에게도, *다시 태어나야만 한다* (요한복음 3:7)고 말씀하십니다. 중생 곧 다시 태어남(또는 변화)

은 기적적인 경험입니다. 당신이 다시 태어난다는 말은 하나님의 생명의 능력으로 그리스도께서 당신의 속으로 들어가서, 그 결과 당신이 새 사람이 된다는 말입니다.

당신은 이 세상에 처음으로 태어날 때 죄 가운데서, 죄의 자녀로 태어났습니다. 그런 당신에게 지금 예수님이, *"너는 반드시 다시 태어나야 한다"* (요한복음 3:7)고 말씀하십니다. 당신은 반드시 예수를 믿어야 합니다. 당신은 변화 받아야만 합니다. 당신은 그리스도 안에서 *새로운 피조물* (고린도후서 5:17) 곧 하나님이 자녀가 되어야 합니다.

성경은, *다시 태어나는 것은 썩어질 씨로 태어나는 것이 아니라, 우리 속에서 살며 영원히 거하시는 하나님의 말씀으로 말미암은, 썩지 않을 씨로 다시 태어나는 것이다* (베드로전서 1:23)라고 말하고 있습니다.

기적 생명으로 다시 태어나는 것입니다. 기적 생명은 믿음으로 그리스도를 삶 속으로 받아들일 때 경험되어지는 생명입니다. 세상 그 어떤 종교나 종교의식도 사람들에게 이와 같은 새 기적 생명을 줄 수 없습니다. 성경에 적혀있는 귀한 가르침이 진리임을 믿어, 그리스도의 생명(Christ-Life)을 받아들일 때만 다시 태어날 수 있습니다.

예수를 믿는다는 것은 특정 철학을 수용하는 것이 아니라, 하나님이라는 특정 **존재**(Person)를 수용하는 것입니다. 종교 예식이 아니라 **생명**입니다. 종교가 아니라 **실체**(Reality)입니다. 기적 생명을 받는다는 것은 그 어떤 종교가 행하는 종교 축제에 참석한다는 것을 의미하는 것이 아니라, 창조주가 주시는 하나님의 생명을 받아 변화된 새로운 피조물(고린도후서 5:17)이 되어 살아간다는 것을 의미합니다.

사람이 결혼한다는 것은 "결혼이라는 이름의 종교"를 받아들인다는 것이 아닙니다. 결혼한다는 것은 어떤 사람이 다른 사람을 아내나 남편으로 받아들인다는 것을 의미합니다.

이와 마찬가지로, 어떤 사람이 새 기적 생명을 받아들여 새로운 삶을 산다는 것은 "기독교라는 이름의 종교"를 받아들인다는 말이 아니라, 주 예수 그리스도 ⊕ 라는 존재를 받아들이는 것입니다. 예수를 믿어 변화된 삶을 산다는 것이 무엇을 의미하는지를 이해하려

⊕ 주 예수 그리스도 (Lord Jesus Christ) - 영원한 창조자(주)이며 인간의 몸으로 태어나신 분(예수)이시고 또한 오시리라 약속되어지신 분(그리스도)으로, 인간들과 함께 사시면서 사람들에게 전능자 하나님의 사랑과 능력을 보여주신 분.

면, 결혼과 견주어 생각하면 됩니다. "결혼"이나 "변화된 삶"은 둘 다 다른 존재와 인격적인 관계를 맺고 살고, 다른 존재가 자신의 삶의 모든 것이 된다는 점에서 동일합니다.

성경의 복음서 ⊕ 에는, 천사가 예수가 태어날 것을 예견하고 지시한 말이 이렇게 기록되어 있습니다: *(그가 태어나면) 그의 이름을 예수라고 하여라. 이는 그가 자신의 백성들을 죄에서 구하여 낼 것이기 때문이다.* (마태복음 1:21)

믿음으로 그분을 받아들이면, 그분의 신적 생명이 당신 속으로 들어오게 되는데, 그 결과 당신은 새로 태어나게 되고, 우리는 이것을 "당신이 구원받았다" 또는 "당신이 새 사람이 되었다"라고 합니다.

거룩한 책인 성경은 다음과 같이 말하고 있습니다: *하나님께서 자신의 아들을 세상에 보내신 것은 세상을 심판하기 위해서가 아니라, 그를 통하여 세상이 구원을 받게 하려함이다.* (요한복음 3:17) 하나님께서는 당신을 향한 하나님의 구원 계획을 당신이 깨달아 알고, 하나님의 기적 생명을 받아들여, 당신이 왕이신 하나님의 가족 일원

⊕ 복음서 (Gospels) – 예수 그리스도의 삶, 가르침, 죽음 및 부활에 관해 기록된 성경의 일부분으로 총 4권으로 되어있다.

새 생명 얻기

으로 다시 태어나는 기적을 경험하게 되기를 간절히 바라십니다.

성경의 인물 베드로 사도는 사람들에게, *주의 이름을 부르는 사람은 그 누구든지 구원을 받게 된다* [또는 하나님의 기적 생명을 받아 변화된 존재가 된다] (사도행전 2:21)고 전했습니다.

* * *

한번은 우리가 동남아시아 지역에 있는 어떤 큰 도시에서 가르치고 기도해주는 집회를 열고 있었습니다. 이때, 문둥병에 걸린 한 여자가 우리의 집회에 참석하였습니다. 그녀의 손가락은 썩어 문드러지고 꼬부라져 굳어 있었으며, 어떤 손가락 마디는 아예 떨어져나가 없는 상태였습니다. 그녀의 등은 문둥병으로 인해 굽어있었습니다. 그녀는 개천 근처의 나무 상자 위에 철 지붕을 얹고, 그 속에서 찌들어지게 가난하게 살고 있었습니다.

우리의 집회에 참석한 그녀는 사람들에게 들키면 쫓겨날까봐, 사람들과는 멀리 멀리 떨어져, 집회 장소의 맨 끝자락 부분에 혼자 서 있었습니다.

그녀는 거기에 서서, 스피커를 통해서 나오는 소리를 듣고 있었습니다. 그 여자는 그 전에는 한번도 창조주 하나님의 인간을 향한 사랑에 대해서 들어본 적이 없었습니다. 그녀는 다시 태어나면 지금과 같은 문둥병을 갖고 태어나지 않을지도 모른다는 생각을 막연하게나마 갖고, 고통스럽게 살아가고 있었습니다.

그런 그녀가, 전능하신 하나님께서 그녀의 삶에 관여하셔서 그녀를 축복해 주길 원하신다는 우리의 가르침을 듣고, 그녀의 마음에 희망이 싹트기 시작하였습니다.

가르침의 시간이 끝나자, 거기에 모인 많은 사람들은 자신들의 마음속에 성경의 약속대로 주 하나님의 자비와 긍휼이 들어가게 해달라고 전심으로 기도하였습니다.

이 때 수백 명의 사람들이 주님을 믿기로 결심하였고, 하나님은 그들의 심령 속에 하나님의 평화를 집어넣어 주셨습니다. 그리고 이때 또한 많은 사람들의 병이 기적적으로 낫는 일도 일어났습니다. 우리는 이때 이 집회에 참석한 사람들이 단상 앞으로 나와 자신이 어떤 기적을 경험하였는지에 대해 간증하는 것을 듣고 놀라지 않을 수 없었습니다.

그 여자는 자신이 문둥병자라는 사실이 밝혀지면, 사람들이 그녀를 멀리 쫓아낼까봐 두려워서, 사람들에게서 멀리 떨어져있었습니다. 그래서 그 문둥병 여자에게 어떤 변화가 일어났었음에도 불구하고, 사람들은 전혀 그러한 사실을 알지 못하고 있었습니다. **그녀의 문둥병이 순식간에 다 사라져버리고 만 것입니다.**

구원자 하나님의 신적 임재가 그녀에게 들어가자, 그녀의 문둥병이 완전히 고쳐졌습니다. 그녀는 굳었던 손을 자유자재로 움직일 수 있게 되었고, 종양이 있었던 그녀의 손가락은 순식간에 깨끗하게 되었습니다. 그녀의 굽었던 허리도 다시 펴졌습니다. 그녀의 발, 얼굴, 팔 및 다리에 줄줄이 흘러내렸던 고름은 말라 없어지고 상처는 깨끗해졌습니다.

그녀는 자신의 굽어있었던 손이 펴졌다는 사실에 너무도 기뻐서, 처음엔 자신의 허리도 펴져있다는 사실조차 까마득하게 잊고 있었습니다. 그녀는 너무도 놀라고 기뻐, 군중을 뚫고 단상 쪽으로 뛰어오면서 소리를 질렀습니다.

옛적에 기록된 성경은 각종 병으로 고통 받고 있는 사람들이 예수를 찾아오자, 예수는 그들의 병을 고쳐주었다고 기록하고 있습니다. 그런데, 그 옛날에 예수에 의해 일어났던 일이, 우리의 집회 장소에서도 일어난 것입니다. 그 여자는 단상으로 뛰어 올라와 자신의 허리를 폈다 굽혔다를 반복하며, 뛰며 팔을 흔들었고, 울면서 손을 움직여 얼굴을 쓰다듬었습니다. 이 여자는 이윽고 하나님의 사랑이 자신의 병든 몸에 나타났을 때 문둥병이 달아났다는 사실에 대해 사람들에게 간증하기 시작하였습니다. 그녀의 간증을 듣고는, 많은 사람들이 눈물을 흘렸습니다.

그녀는 사람들에게 자신에게 어떤 일이 일어났는지에 대해 말하다가, 자기에게 일어난 일이 어떤 의미가 있는지를 깊이 깨달았습니다. 그래서 그녀는 군중을 향해, ***"나는 지금 하나님의 자녀가 되었습니다! 이제는 그분이 나의 아버지이시고, 나는 그분의 딸입니다! 그분은 나에 대해 창피하게 생각하신 적이 없으셨습니다! 나는 이제 나와 함께 살아갈 한 분이 생겼습니다! 그분은 오늘 나에게 오셨습니다. 그분은 이제부터 나와 함께 살기 시작하십니다. 그분은 나를 사랑하십니다!"*** 라며 소리를 질렀습니다.

그 문둥병에 걸렸던 귀한 여인은 성경이 말하고 있는 진리가 이해되자, 영원하신 하나님을 자신의 구원자와 주님으로 받아들였습니다. 그 결과, 그녀는 **하나님의 자녀가 되었습니다.**

* * *

이제, 창조주로부터 오는 기적 생명을 경험한다는 것이 무엇을 의미하는 지에 대해 좀더 자세하게 말하겠습니다. 네덜란드 사람인 한 무신론자는 우리가 매우 큰 규모의 집회를 그의 나라에서 열고 있었는데, 하나님의 존재를 믿지 않던 그가 우리의 집회에 참석하여 놀라운 경험을 하게 되었습니다.

그 사람은 우리가 하나님을 사랑하기 전에 하나님께서 우리를 사랑하고 있었다는 사실과 우리가 그분에게 가기 전에 그분이 먼저 우리 곁에 오셨다는 사실, 그리고 우리가 그분을 알아주기 전에 그분이 먼저 우리를 알아주셨다는 사실 및 우리가 그분에게 가까이 가고 싶어 하기 전에 그분이 먼저 우리에게 가까이 오고 싶어 하셨다는 사실을 놀라우리만치 확실하게 깨달았습니다.

제 10 장
하나님 사랑에 대한 계시

영원하신 하나님의 기적 생명으로 인해 변화된 삶을 산다는 것이 무엇을 의미하는 지에 대해 알아봅시다. 하나님의 기적 생명을 받아, 삶이 변화된다는 것은,

첫째 : 하나님의 자녀가 되었다는 것을 의미합니다.

둘째 : 영원하신 하나님이 당신을 한없이 사랑하신다는 사실을 깨닫게 되었다는 것을 의미합니다. 사랑받는 사도였던 바울은, *우리가 아직 죄인이었을 때에 그리스도께서 우리를 위하여 죽으심으로 하나님께서는 우리를 향한 그분의 사랑을 우리에게 확인시켜 주셨다* (로마서 5:8)고 하였습니다.

* * *

우리가 한번은 네덜란드에서 매우 큰 집회를 열고 있었는데, 호텔을 소유하고 있는 어떤 부자가 우리의 집회에 참석하게 되었습니다. 그 집회는 네덜란드의 수도

헤이그에 있는 말레이벨드라 불리는 아주 넓은 공터에서 밤에 열린 무려 십만 명이나 모인 대규모 집회였습니다. 이 호텔 소유주는 너무도 많은 사람들이 우리 집회에 모인다는 사실을 알게 되자, 도대체 어떤 종류의 모임이기에 그렇게 많은 사람들이 모이는지 알고 싶은 호기심이 생기게 되었습니다.

그 사람은 미혼남으로 하나님이 있다고 주장하는 사람은 어리석은 사람이라고 생각하였습니다. 그래서 그는 하나님을 믿는 사람들을 경멸하였습니다. 그는 교회란 쓸데없는 단체라고 생각하였기에, 교회의 성직자들을 만나면 고개를 돌렸습니다. 그가 그렇게 한 이유는, 교회란 미신을 믿는 사람들의 집단에 불과하다고 생각하였기 때문이었습니다.

그는 만일 하나님이 정말 있다면 내려와서 자신을 죽여보라며 하늘을 향하여 주먹질하는 것도 서슴지 않았던 사람이었습니다. 그 당시, 네덜란드 사람들은 거의 대부분 하나님이란 존재를 믿지 않고 있었는데, 그도 그런 사람들 중 하나였던 것입니다. 그 사람은 자신은 영적인 존재가 있다고 믿는 저차원의 사람이 아닌 것에 대해 큰 자부심을 느끼며 살아가고 있었습니다.

그때 우리의 집회에 너무도 많은 군중들이 몰려들

자, 여러 신문에서는 우리의 집회에 대한 것을 기사화하였고, 이로 인해 우리의 집회가 그 당시 네델란드의 국가적인 이슈로 떠올랐었습니다. 그는 그의 종족인 네델란드 사람들이 모여 무엇을 듣고 있는지 호기심이 발동하여 우리 집회에 참석하게 되었습니다.

그가 집회에 참석한 날 밤, 우리가 사람들에게 가르쳤던 내용은 간단한 기도로 주님의 이름을 부르면 하나님의 기적 생명이 들어와 하나님의 신적 능력으로 변화 받게 된다는 것이었습니다.

그 사람은 우리를 구원하기 위해 예수 그리스도가 십자가에서 자신의 생명을 제물로 바쳐서 죽으셨기 때문에, 우리가 죄의 지배 아래에서 벗어나게 되었다고 전하는 우리의 가르침을 귀담아 들었습니다. 그 때 우리는 사람들에게 하나님의 생명을 받게 된 사람은 기적처럼 변화되어서 왕이신 하나님의 자녀가 되기에 곧 하나님 왕국의 왕족이 되는 것이라고 설명해 주었습니다. 그리고 우리는 그리스도의 희생적 죽음으로 인해, 하나님께 당당하게 기도를 드릴 수 있는 존재가 되었고, 기도를 통해 하나님이 주시는 축복을 받으며 살 수 있는 존재가 되었다는 사실도 설명해 주었습니다.

이 외에도 우리는 옛 성경이, *죄를 짓는 사람은 반드시*

죽을 것이고 (에스겔 18:4, 20), *죄의 삯은 사망* (로마서 6:23) 이라는 사실을 명시하고 있다는 이야기도 해주었습니다. 이와 아울러, 만약에 그리스도가 우리들을 위하여 대신 죽지 않으셨다면, 우리는 지금까지 하나님과의 관계가 단절된 채로 살아가고 있었을 것이라고 말해주었습니다. 그러나 하나님의 인간에 대한 사랑이 너무도 지극하셔서, 그분께서는 자신의 아들을 십자가에서 달려 죽게 하심으로, 마치 빚진 자의 채무가 제 삼자에 의해 말끔히 청산 되듯이, 예수의 죽음에 의해 우리의 죄가 완전히 청산되게 되었다는 사실도 설명해 주었습니다.

이와 함께, 영원하신 그분께서는 이러한 사실을 믿고 받아들이는 사람은 왕이신 하나님의 가족이 되게 해주신다는 사실도 알려주었습니다. 특별히 우리는 **하나님께서는 사람들이 어떤 죄를 얼마나 지었는지 와는 상관없이, 모든 사람을 동일하게 사랑하신다**는 사실을 힘주어 가르쳐주었습니다.

기독교와 교회에 대해 증오하는 태도를 보이며 살아왔던 그는 옛적에 기록된 성경이 어떤 책인지에 관해 한 번도 들은 적이 없었습니다. 그래서 그 사람은 하나님에 대한 인식이 전혀 없는 채 살아왔습니다. 그는 그리스도와 관계되거나 교회와 관계된 것은 그 어떤 것이든지 무조건 싫어하며 살았습니다. 그는 하나님이 있다는 생각 자체를 이해할 수 없었기에, 하나님에 관련된 모든 것을 거부하며 살아왔던 것입니다. 그에게 기도란 그저 사람들을 끌어들여 사기치려는 종교 협잡꾼들에 의해 조작된 미신적 행위에 불과한 것이었습니다.

그러나 우리가 전하는 진리들을 경청하던 그 사람은, 하나님의 사랑에 대한 이해가 생기기 시작하였습니다. 그리고 결국은, 하나님께서 인간들을 놀랍도록 사랑하셨음으로 인해, 너무도 큰 희생을 지불하셨기에, 생명이신 그분께 직접 기도드릴 수 있는 길이 열렸다는 사실을 알게 되었습니다. 또한 그는 기도를 하게 되면, 긍휼하신 하나님께서 기도에 응답하심으로 기도하는 사람의 필요가 채워지는 일이 일어난다는 사실도 알게 되었습니다.

* * *

네덜란드에서 그날 밤 집회의 마무리로 우리는 거기에 모인 사람들에게, 거룩한 책 성경에 기록되어 있는 *누구든지 주의 이름을 부르는 자는 구원을 얻게 될 것이다* (로마서 10:13)라는 말씀을 전해 주었습니다. 그리고 마지막으로, 예수께서 모든 사람들에게 자기가 갖고 계셨던 하나님의 기적 생명을 받아들일 것을 요청하신다는 사실과 예수께서는 각 사람의 속으로 들어가, 자신이 갖고 계신 하나님의 축복을 나누어주고 싶어 하신다는 사실을 말해주었습니다.

그리고 모든 인생의 주인이 되시는 분께서 하신, *구하는 자는 누구든지 받게 된다* (마태복음 7:7-8)는 말씀을 전해주었습니다. 이때 우리는, 인간이 하나님께 기도할 수 있게 되었다는 것 자체가 기적인데, 그 이유는 전능하신 하나님을 부를 수 있는 것 자체가 경이로움 그 자체이기 때문이라고 알려주었습니다. 이에 덧붙여 우리는, 누구든지 하나님을 부르면 그 분은 그 부름에 반드시 응답하신다는 사실을 사람들에게 말해주었습니다. 우리는 또한 하나님의 이름을 부르는 사람들에게, 하나님께서는 자신의 기적 생명을 나누어주시고, 하나님의 기적 생명을 받은 사람은 하나님의 놀라운 사랑을 받아 변화된 삶을 살게 되는데, 이것이 인간이 하나님으로부터 받을 수 있는 최대의 축복이라는 사실을 특별히 강조하여 설명해 주었습니다.

그 후 우리는 거기에 모인 수많은 사람들로 하여금 하나님의 이름을 부르는 기도를 하도록 하였습니다. 이 때 종교를 미워하던 그에게 어떤 일이 일어났습니다. 그는 그 때에 자신에게 어떤 일이 일어났었는지에 대해 우리에게 다음과 같이 말해주었습니다.

"저는 그 때, 주위를 살펴보았지요. 제 눈에 모든 사람들이 기도를 하기 위해 고개를 숙이고 있는 모습이 들어왔습니다. 그래서 저는 속으로, '이 모든 네덜란드인들이 미친 것이 분명해. 이 사람들은 지금 속고 있는 거야. 내가 그토록 증오해왔던 하나님이 존재한다는 것은 불가능한 일이야' 라고 생각했습니다."

"그래서 저는, '내가 그동안 없다고 생각했던 하나님이 있는 지 없는 지를 실험할 수 있는 좋은 기회가 왔구나. 나도 저 사람들처럼 기도해봐야지. 만일 하나님이란 존재가 있다면, 이렇게도 많은 사람들이 한꺼번에 기도한다고 해도, 하나님은 나를 알아보고 나의 기도에 응답해 주겠지!' 라는 생각을 하게 되었습니다."

그래서 그 사람은 가슴에 손을 대고 하늘을 쳐다보며 기도를 하기 시작했습니다. 기도를 시작하자마자, 그는 하나님의 임재를 확신할 수밖에 없는 놀라운 체험을 하였습니다. 이 체험에 대해 그 남자는 우리에게 이렇게 말해주었습니다.

"이제까지 없다고 믿었던 우주적 존재를 향해 기도를 하기 위해 하늘을 향해 눈을 든 순간, 예수 그리스도가 제 앞에 나타났습니다. 저는 너무 놀라 도망가려고 하였습니다. 왜냐하면 저는 만일 하나님이 정말로 계셔서 나에게 나타난다면, 그런 존재는 없다며 반항한 나를 쳐 죽일지도 모른다고 생각했기 때문입니다."

"그러나 그분은 저를 가만히 응시하셨고, 저는 그때 몸을 움직일 수가 없었습니다. 그분은 마치 제가 그동안 저지른 모든 죄와 하나님에 대해 해왔던 모든 비방의 말들을 다 알고 계신 듯이 보였습니다. 저는 너무도 큰 두려움과 경외감에 휩싸여 눈도 깜박거릴 수도 없었습니다."

"저는 수치심에 어찌할 바를 몰랐고, 그 동안 불명예스럽고 악한 삶을 산 것과 예수를 저주한 것에 대해 뉘우치는 마음이 생겨났습니다. '내가 왜 그토록 그 존재를 증오했지? 저분이 나에게 잘못한 것이 하나도 없는데, 내가 왜 그랬지? 내가 왜 저분이 계시다는 사실을 인정하지 않았지?' 라는 생각이 저를 덮쳤습니다."

"하나님이신 주님께서 저의 영혼 깊은 곳을 바라보실 때, 저의 눈에서 눈물이 폭포수처럼 흘러나와 마치 저의 눈이 빠져나갈 것 같은 느낌을 받았습니다. 그래서 저는 그분이 저를 쳐다보는 것을 제발 중지해주기를 간절히 바랐습니다."

"그 분이 저를 뚫어지게 바라보실 때, 그분의 긍휼하

심 앞에 제가 가졌던 그분에 대한 나의 증오심은 여지없이 드러났고, 이러한 드러남은 영원히 지속될 것만 같이 느껴졌습니다. 그러나 저를 쳐다보시던 그분의 얼굴에 부드러운 미소가 떠올랐습니다. 그때 그분의 모습 속에서는 한없는 사랑이 흘러나왔기에, 저는 그분이 나를 죽이려고 나에게 나타나신 것이 아니고, 내가 그분을 비방하였던 것에 대해 나를 징벌하려고 나에게 오신 것도 아니라는 사실을 깨달을 수 있었습니다. 그 순간, 저는 저의 죄가 모두 용서받았다는 사실을 확신할 수 있었습니다!"

그는 계속해서 다음과 같이 말하였습니다. "그때 예수님은 저의 시야에서 사라지셨습니다. 저는 온 몸에 힘이 빠져서 땅바닥에 쓰러져 울고 또 울었습니다. 제가 그분에게 대항하는 삶을 살았음에도 불구하고, 그분은 저를 사랑하셨다는 사실을 알게 되었습니다. 그분은 저를 **과거부터** 사랑해 오셨던 것입니다."

"이때 저의 주위에 있던 수많은 사람들이 하나님께 감사의 기도를 드리기 시작하였습니다. 그 순간 저는 제 주위가 천국과 같다는 생각을 하였습니다. 그곳에 몰려있던 수십만의 네덜란드인 군중들이 하나님께 예배드리는 소리가 저의 귀에는 천국의 폭포 소리처럼 들렸습니다. 저는 그들이 경배 드리는 하나님을 저주하며 살아왔던 것입니다."

"저는 저에게 어떤 일이 일어났는지에 대해 사람들에게 말해주기 위해, 사람들을 뚫고 단 위로 뛰어 올라 갔습니다. 저는 만일 이 군중들 속에 저처럼 하나님이 없다고 생각하며 살고 있는 사람이 있다면, 그 사람도 하나님이 계시다는 사실을 알아, 하나님이 저에게 주신 놀라운 마음의 평화를 그 사람도 똑같이 경험하기를 원했기 때문에 단 위로 올라 간 것입니다. 저는 단상에 서서 말을 하려고 입을 열었습니다. 그러나 울음을 멈출 수가 없었기 때문에, 말을 할 수가 없었습니다. 제가 그 당시 느꼈던 기쁨은 말로 형언할 수 없는 기쁨이었습니다. 저는 새로운 생명을 가진 자로 다시 태어난 것입니다."

* * *

그 다음 날, 우리는 그 집회기간 동안 묵고 있었던 호텔이 바로 그 사람이 소유하고 있는 호텔이라는 사실을 다음과 같은 과정을 통해서 알게 되었습니다. 그 호텔 아래쪽에는 아주 넓고 큰 정원이 있었는데, 그 정원은 날씨가 화창한 날이면 사람들이 파라솔을 치고는 그 아래에서 조반을 먹을 수 있도록 한 정원이었습니다. 그 호텔 주인인 그 남자가 회심⊕한 다음 날 아침에 우리는 신선한 공기를 마시기 위해 우리가 묵고 있는 호텔방의 창문을 열었습니다.

그러자 어떤 한 남자의 목소리가 우리 귀에 들렸습니다. 우리는 창문을 통해 어제 변화 받은 그 남자가 이 테이블 저 테이블을 돌아다니며 사람들에게 자신이 어제 경험한 것을 말해주고 있는 것을 볼 수 있었습니다. 호텔 주인인 그가 그렇게 한 것은 호텔에 묵고 있는 모든 손님들이 예수가 실제로 살아있는 실체라는 사실을 알게 하기 위해서였습니다.

그 사람은 *새로운 피조물* (고린도후서 5:17)이 된 것입니다. 그 사람은 우리가 하나님을 사랑하기 전에, 하나님께서 먼저 우리를 사랑하고 계셨다는 사실과 우리가 그분에게 가기 전에 그분이 먼저 우리 곁에 오셨다는 사실, 우리가 그분을 알아주기 전에 그분이 먼저 우리를 알아주셨다는 사실 및 우리가 그분에게 가까이 가고 싶어 하기 전에 그분이 먼저 우리에게 가까이 오시고 싶어 하셨다는 사실을 놀라우리만치 깨달았습니다.

* * *

⊕ 회심 (conversion) – 하나님의 부르심에 믿고 응답함으로 사람이 변화되는 것.

그분께서 우리의 죄를 깨끗하게 없애주시기 위해 죽으셨다는 것이 이해가 되어지면, 예수를 받아들이게 되고, 그 결과 하나님의 새 기적의 생명을 받아 하나님의 가족이 됩니다! 하나님께서는 우리의 **있는 그대로를 사랑하십니다.** 아, 놀라운 그분의 은혜와 자비여!

이제 우리는 우리의 죄가 용서받았다는 것이 무엇을 의미하는지를 쉽게 설명해줄 실제로 일어났던 한 사건을 이야기하려고 합니다. 이 이야기는 라틴 아메리카에 살고 있었던 한 잔인한 살인자가 그리스도의 십자가의 의미를 깨닫게 되어, 삶이 혁신적으로 변화된 이야기입니다.

그 사람은 증오와 악과 살인이 인간의 죄로 인한 것이라는 사실을 알게 되었습니다. 그리고 그는 인간을 멸망시키려는 사탄이 사람들로 하여금 다른 사람들과 하나님에게 악한 짓을 하도록 부추긴다는 사실도 알게 되었습니다.

제 11 장
용서받은 살인자

영원하신 하나님의 기적 생명으로 인해 변화된 삶을 산다는 것이 무엇을 의미하는 지에 대해 알아봅시다. 하나님의 기적 생명을 받아, 삶이 변화된다는 것은,

첫째 : 하나님의 자녀가 되었다는 것을 의미합니다.

둘째 : 영원하신 하나님이 당신을 한없이 사랑하신다는 사실을 깨닫게 되었다는 것을 의미합니다.

셋째: 당신의 죄가 용서받았다는 것을 의미합니다. 옛날에 기록된 성경은, *그분께서 우리의 모든 죄악을 사하여 주셨다* (시편 103:3)고 말하고 있습니다.

예수 그리스도께서 태어나셨을 때, 주의 천사가 나타나 *"너희들은 그분을 예수라고 불러라. 그 이유는 그분이 자기의 백성들을 죄에서 구하여 낼 것이기 때문이다"* (마태복음 1:21)라고 전해주었습니다.

또한 성경에는, *나는 너희들의 죄를 없애버리는 자*

용서받은 살인자 123

다.(이사야 43:25) *너희들의 죄와 허물을 나는 더 이상 기억하지 않는다* (히브리서 10:17)라는 하나님의 말씀이 기록되어 있습니다.

* * *

한번은 우리가 라틴 아메리카에서 대규모 집회를 열고 있을 때 어떤 한 사람이 우리의 집회에 참석하였습니다. 그 사람은 청소년 시절부터 그리스도인들을 증오하여 그들에게 강도짓을 했으며, 그들의 농작물들을 망가뜨렸고, 그들이 가진 사업체나 재산들을 빼앗으며 살아왔던 사람이었습니다. 그와 그의 친구들은 한적한 시골에 몰래 잠복해 있다가 그리스도인이 지나가면 달려들어 입을 틀어막고 강간하였고 그들의 갖고 있던 것을 빼앗았으며, 때론 그들을 죽이기도 하였습니다.

그처럼 그리스도인들에 대해 악행을 일삼는 사람이 그 어떤 이유에서인지는 몰라도, 우리가 연 집회에 참석하게 되었습니다. 그가 집회에 참석한 날 밤에 우리는 군중들에게 왜 예수가 인간이 받아야 할 심판과 형벌을 자신이 대신 받으셨는지에 대해 설명해 주었습니다.

그때 그 흉악한 사람은 하나님은 인간을 자신의 친구와 파트너로 삼기 위해, 하나님 자신의 모습대로 인간을 만드셨다는 사실을 생전 처음 듣게 되었습니다. 그리고 하나님은 사랑이시기 때문에, 인간이 하나님께 대항해서 죄를 저질렀지만, 하나님은 인간의 죄를 없애주시고 인간을 죄에서 구해주심으로, 하나님의 기적 생명을 소유하고 새 삶을 살 수 있게 되었다는 사실도 생전 처음 듣게 되었습니다.

그 사람은 증오와 악과 살인이 인간의 죄로 인한 것이라는 사실을 깨달았습니다. 그리고 그는 인간을 멸망시키는 인간의 적 사탄이 사람들로 하여금 다른 사람들과 하나님에게 악한 짓을 하도록 부추긴다는 사실을 깨달았습니다. *죄의 삯은 사망이고* (로마서 6:23) *죄를 범하는 자는 죽게 된다* (에스겔 18:4, 20)는 사실도 깨닫게 되었습니다.

그 악한 사람은 그동안 예수가 십자가에서 죽은 것은 그분께서 우리가 지은 죄에 대한 죄 값을 떠안기 때문이라는 사실을 전혀 알지 못하고 살아왔었습니다. 그는 만일 우리가 그런 일을 행하신 주님을 믿으면, 하나님께서 우리에게 "너는 더 이상 죄가 없다"(로마서 5:9)고 선언하시고, 우리에게 새로운 삶을 시작할 수 있도록 해주신다는 좋은 소식을 생전 처음 듣게 되었습니다. 다른 말로 하면, 그는 우리가 그분의 기적 생명으로 변화받고 구원받으면, 새 삶을 시작하게 된다는 좋은 소식을 생전 처음 듣게 된 것입니다.

　비참한 삶을 살고 있었던 그 사람은 죄가 하나님과 인간을 분리시키는 구렁텅이라는 사실도 몰랐고, 인간이 죄를 지었음에도 불구하고 하나님께서는 사람과 좋은 관계를 맺고 싶으셔서, 자신의 아들을 우리의 죄 값으로 내어놓으셨고, 그 결과 우리를 하나님에게로 회복시켜 주셨다는 사실을 전혀 모르고 살아왔던 것입니다.

　그 사람은 자신이 사람들에게 행했던 증오에 찬 행동들과 부끄럽기 그지없는 행동들, 자신이 했던 모든 악한 행동들이 예수를 십자가에 못 박혀 죽게 했다는 사실을 깨닫게 되었습니다. 그는 그러한 사실이 깨달아지자 너무도 부끄러워 고개도 들 수 없을 정도가 되었습니다. 그 순간 그는 예수가 두 악당 사이에서 십자가에 못 박혀 달려있는 환상을 보았습니다. (마태복음 15:27) 그 사람은 자기가 받았어야 할 심판을 예수가 대신 받아 심한 고통을 당하셨다는 사실과 자신이 죽었어야 할 자리에 예수가 자기 대신 가셔서 죽으셨다는 사실을 비로소 깨달았습니다.

　이윽고 그 사람은 자기가 변화되었다는 사실을 사람들에게 말해주기 위해 단상으로 올라갔습니다. 그리고 그는 단위에 서서, "오스본씨, 당신이 그리스도에 대해 우리에게 가르쳐 주었을 때, 저는 죄를 지은 사람은 저이기에 제가 십자가에 못 박혀 죽어야 할 장본인이었다는 사실을 알게 되었습니다. 예수는 죄 없으신 분입니다. 그분은 죄를 짓지 않으셨습니다. 죄를 지은 건 바로 저입니다."라고 소리쳤습니다.

그리고 그는 단상에 서서, "주님, 왜? 왜, 그들이 당신을 못 박았습니까? 당신이 도대체 무슨 죄를 지었다고요? 그들은 나를 십자가에 못 박아 죽여야 했습니다! 죄를 지은 건 바로 저입니다."라고 소리치며 울부짖었습니다.

* * *

우리가 그 큰 광장에 모인 사람들에게 그리스도를 받아들이라고 요청하였을 때, 그리스도인들을 핍박했던 그 악한 사람은 앞쪽으로 뛰어나가 땅에 무릎을 꿇고 예수 그리스도를 믿음으로 받아들였습니다. 하나님의 기적 생명이 그 사람 속으로 스며들어가, 그 사람은 새 삶을 살 수 있게 되었습니다.

예수를 받아들이는 기도를 마치자, 그는 자신의 죄가 다 없어졌다는 확신이 생겼고, 빚을 다 갚았을 때 느껴지는 홀가분함이 느껴져서 기뻐 뛰었습니다. 그가 저질렀던 모든 악행과 야수와 같이 행했던 죄의 기록들을 하나님께서 다 없애신 것입니다. 성경에서 하나님께서는, *나는 그들의 죄와 허물을 기억하지 않을 것이다* (히브리서 8:12; 10:17)라고 말씀하셨습니다.

그 사람은 자신이 저지른 죄가 얼마나 크고 흉악한 죄인지에 대한 깨달음이 오자, 가슴을 치며 회개하였습니다. 그러나 지금 그의 죄는 깨끗이 씻겨져 없어져버렸고, 그의 마음에는 놀라운 평화가 자리 잡았습니다. 그는 자신이 무한하신 하나님의 기적 생명으로 인해 변화되었다는 사실을 확신할 수 있었습니다.

사도 요한은 *모든 영광은 우리를 너무도 사랑하여서 자신의 피로 우리의 죄를 씻으신 하나님께 돌려져야 한다* (계시록 1:5)고 말했습니다. 사도 바울은 *우리가 그리스도 안에서 그의 피로 구속함과 죄 사함을 받았다* (골로새서 1:14)고 하였습니다.

그리스도를 믿고 그분을 받아들이는 사람의 이제껏 행했던 모든 죄의 기록들은 삭제됩니다. 이와 관련하여 옛적에 기록된 성경을 오늘날의 말로 쉽게 바꾸어 쓴 리빙 바이블 (Living Bible)에는 이렇게 쓰여 있습니다.

그리스도의 십자가 피로 인해 (당신은) 하나님과 화평하게 되었다… 그분께서 당신을 친구로 받아들이셨다… 그 결과 지금 그분께서 당신을 하나님 가까이로

데리고 갔다. 그래서 당신은 지금 아무 흠도 없이 하나님 앞에 서있다... 당신은 지금 진리를 받아들인 상태에 있다...예수가 당신을 위해 죽었다는 사실에 대해 확신을 가져라. 당신을 구원해 주신 분에 대한 신뢰가 절대로 흔들려서는 안 된다. (골로새서 20-23) .

예수 그리스도 안에 있는 사람들에게는 저주가 없다. (로마서 8:1) 믿음으로 그리스도 안에서 (하나님의) 자녀가 된 자들은 도대체 누가 누구란 말인가? (로마서 8:23)

동이 서에서 멀리 떨어져 있는 것처럼, 그분께서 우리의 죄를 우리에게서 멀리 떨어뜨려 놓으셨다. (시편 103:12)

그 어떤 종교라도 인간을 다시 태어나게 하는 기적을 행할 수 없습니다. 기적적으로 변화된 삶은 우리가 그분의 사랑을 깨달을 때, 다시 말하면, 그리스도의 십자가에서의 죽음이 우리를 위한 죽음이라는 사실을 깨달을 때, 그래서 믿음으로 그분을 받아들일 때, 성령 하나님으로부터 거저 받는 삶입니다.

* * *

다음 장에는 피폐한 삶을 청산하고 기적의 새 삶을 사는 것에 대해, 당신의 인생을 뒤바꿔 놓을 만한 심오한 이야기가 실려 있습니다. 이 이야기는 자기 아내에게 폭력을 가하고 살았던 어떤 술 중독자가 나무 꼭대기 위에서 그를 부르는 하나님의 음성을 듣고 삶이 변화된 이야기입니다.

오스본 가족이 말씀을 가르치고 사람들에게 기도해주는 집회에 참석하였던 수백만 명의 사람들은 어떻게 해야 전능하신 하나님께서 자신의 삶을 통해 나타나시는 삶을 살 수 있는 지에 관한 진리를 듣고, 그 진리를 받아들였습니다.

이 세상에서 하나님 아버지의 사랑의 빛과 희망을 자기 스스로의 힘으로 받을 수 있는 사람은 아무도 없습니다. 하나님만이 인간의 과거의 죄와 실수를 없애주시고, 자기의 기적 생명을 인간에게 줌으로 인간의 내면을 변화시킬 수 있습니다.

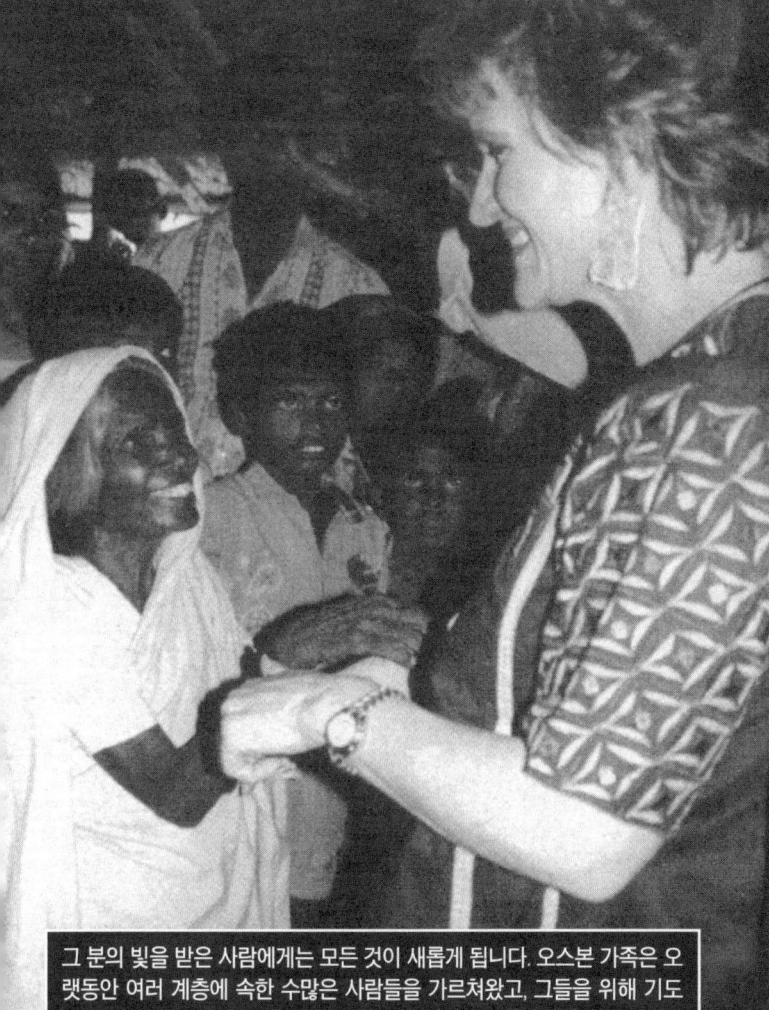

그 분의 빛을 받은 사람에게는 모든 것이 새롭게 됩니다. 오스본 가족은 오랫동안 여러 계층에 속한 수많은 사람들을 가르쳐왔고, 그들을 위해 기도해 주었으며, 그들의 손을 어루만져주었습니다. 주 하나님께서는 자신에 대해 믿음으로 반응하는 사람들에게는 누구에게나 기적 생명을 주십니다. 그분께서 그렇게 하시는 이유는 그분은 모든 사람을 다 귀중한 존재로 여기시는 분이시기 때문입니다.

> **이 이야기는** 주가 주시는 생명으로 인해, 그리스도를 믿음으로 믿고 받아들인 사람에게 어떤 일이 일어나는지를 설명해주는 좋은 예가 됩니다.
>
> 예수를 믿고 받아들이면 삶에 변화가 일어납니다. 옛 욕망과 습관이 없어지고, 병과 실패가 떠나갑니다. 성경은 이에 대해, *모든 것이 새것이 되었다* (고린도후서 5:17)고 선언하고 있습니다.

제 12 장

리카르도야, 나를 따라오라!

　영원하신 하나님의 기적 생명으로 인해 변화된 삶을 산다는 것이 무엇을 의미하는 지에 대해 알아봅시다. 하나님의 기적 생명을 받아, 삶이 변화된다는 것은,

　첫째 : *하나님의 자녀가 되었다* 는 것을 의미합니다.

　둘째 : *영원하신 하나님이 당신을 한없이 사랑하신다는 사실을 깨닫게 되었다* 는 것을 의미합니다.

　셋째 : *당신의 죄가 용서받았다* 는 것을 의미합니다.

　넷째 : *새로운 영적 생명을 받았다* 는 것을 의미합니다. 성경은 그리스도 안에 있는 자는 새로운 피조물이다. 옛 것들은 지나갔다. 보라, 모두다 새것이 되었다 (고린도후서 5:17)고 선포합니다.

　예수님의 사랑받는 사도 요한은, 우리는 죽음을 *빠져나와 생명 속으로 들어왔다는 사실을 알고 있다* (요한일서 3:14)고 하였습니다. 새 생명은 하나님께서 그

분의 아들 예수그리스도를 믿고, 믿음으로 그분을 받아들이는 사람들에게 주시는 생명입니다. 새로운 피조물이 된다는 것, 새 생명을 받아들인다는 것, 다시 태어난다는 것, 변화된다는 것은 얼마나 놀라운 일입니까!

* * *

네 번에 걸쳐 이루어졌던 대규모 집회에서, 사악한 한 젊은 아버지가 자비로우신 하나님이 주시는 새 기적 생명을 받았습니다. 집회에 모인 수많은 사람들에게 하나님의 사랑에 대해 가르치고 있었을 때, 이 사악한 젊은 아버지는 영원하신 하나님이 자신의 이름을 부르는 소리를 들었습니다.

그는 적개심에 불탔고, 교활한 사람들과 어울려 다녔던 사람이었습니다. 그는 돈만 생기면 술을 마시고 도박을 하였습니다. 그는 아내와 두 어린 자녀를 전혀 돌보지 않았습니다. 그가 집에 돌아오면, 두 자녀들은 두려움에 떨었는데, 그 이유는 아버지가 어머니만 보면 욕을 하며 때리고, 바닥에 쓰러뜨리고 심지어는 발로 차버렸기 때문이었습니다.

아버지의 잔혹한 행동을 본 아이들은 아버지가 집에 들어오는 소리만 나면, 두려움에 몸이 움츠러든 어머

니를 뒤로 하고, 집안 구석 어딘가로 숨어버리곤 하였습니다.

그런 포악한 남편한테 맞으면서 살고 있던 아내가 우리 집회에 관한 소식을 듣고 자녀들을 데리고 집회에 참석하였습니다. 그녀가 우리 집회에 참석한 것은 잠시나마 남편의 폭력을 피해 보기 위해서였습니다. 그녀가 우리의 집회에 참석한 어느 날, 우리는 사람들에게 예수 그리스도의 사랑을 깨달으면, 삶에 희망과 용기가 생기게 된다는 사실을 전하고 있었습니다.

가르침이 끝나자 우리가 전한 성경의 가르침을 진리로 받아들인 수천 명의 사람들이 예수 그리스도를 영접하였습니다. 영접기도가 끝나자, 우리는 아픈 사람들을 위해 기도해 주는 시간을 가졌습니다. 그러자 의사인 예수 그리스도가 주시는 치유의 기적을 체험한 사람들이 단상으로 올라와, 자신의 병이 나은 것을 간증하기 시작하였습니다. 남편에게 두드려 맞고 살던 이 여자는 매일 밤 우리의 집회에 남편을 피해 참석하고 있었는데, 어느 날 밤 집회에서, 자신의 눈앞에 펼쳐지고 있는 광경에 놀라지 않을 수 없었습니다. 그녀의 눈에, 단상으로 나와 자신에게 어떤 일이 일어났는지에 대해 설명하려고 애쓰고 있지만 눈물범벅이 되어 말을 제대로 하고 있지 못하는 어떤 한 남자의 모습이 보였습니다. 그 남자는 바로 그녀의 남편이었습니다. 그 어떤 기적과 같은 일이 아내를 폭행하고 살던 그녀의 남편에게 일어났던 것입니다.

그녀는 단상에서 울고만 있는 남편을 보자, 두 자녀의 손을 잡고 군중 속을 헤치고 단상 쪽으로 걸어 나갔습니다. 그녀는 단상 쪽으로 바짝 다가가서, "리카르도, 리카르도, 나에요, 내가 왔어요! 아이들과 같이 왔어요. 리카르도, 나에요!"라고 소리쳤습니다.

그녀는 두려운 표정을 짓고 있는 두 자녀의 손을 잡고, 단상으로 올라갔습니다. 남편은 아내의 소리에 놀랐고, 아내는 남편에게로 달려들었습니다. 그 둘은 서로를 팔로 끌어안고 울기 시작했습니다.

이윽고 아버지는 울던 울음을 멈추고 사랑스러운 표정으로 팔을 벌려 두 자녀를 안았습니다. 그리곤 어린 그의 딸과 아들에게, "얘들아, 이제는 너희들이 이 아빠를 더 이상 무서워하지 않게 될 거야. 이 아빠는 예수님을 만났어. 그 분이 방금 전에 나에게 새로운 생명을 주셨어. 이 아빠는 이제 다시는 엄마를 힘들게 하지 않을 거야. 내가 만난 주님은 엄마도 사랑하시고 너희들도 사랑하셔!"라고 말하였습니다.

* * *

얼마나 놀라운 기적인지요! 아내를 두들겨 패며 살았던 이 사람은 흐르는 눈물을 연신 손으로 닦아내면서, 그가 얼마나 죄로 가득한 삶을 살았고, 그에게 어떤 일이 일어났는지에 대해 사람들에게 말해주기 시작하였습니다.

그는 우리 집회에 참석한 사람들의 지갑을 소매치기 하기 위해 참석하였었노라고 고백하였습니다. 그는 큰 나무가 있는 어두 곳에서 지갑을 훔칠 기회를 노리고 있었습니다. 우리가 그리스도와 그분의 신적 임재에 대해 군중에게 가르침을 전하고 있을 때, 그 사람은 나무 꼭대기에서 하나님께서 마치 트럼펫이 내는 소리와 같은 강력한 음으로, "리카르도, 나는 예수다. 나를 따르라!"라고 말씀하시는 소리를 들었습니다.

그는 그 목소리에 놀라 그 장소에서 도망치려고 하였습니다. 막 자리를 떠나려는 순간, 그는 "리카르도야, 나는 예수다. 나를 따르라!"라는 소리를 또 다시 들었습니다.

그는 그때야 비로소 그 소리는 전능하신 하나님께서 그를 회개하도록 하기 위해 부르시는 소리라는 사실을 깨달았습니다. 그러자 순식간에 자신이 지은 죄를 깨달고 땅바닥에 쓰러져 울기 시작하였습니다. 쓰러진 바로 그 상태에서 그는 그리스도를 구원자로 받아들였습니다. 얼마 후 다시 일어난 그는 사람들에게 자신에게 일어났던 일에 대해 말해주어야 하겠다고 생각하고, 단 위로 올라오게 된 것입니다.

그는 주님의 기적 생명을 받아 변화되었습니다. 그와 그의 가족은 이제 다른 믿는 사람들과 함께 모여 교제하기 시작하였고, 교회에서 주님을 섬기기 시작하였습니다. 이 이야기는 주가 주시는 생명으로 인해, 그리스도를 믿음으로 믿고 받아들인 사람에게 어떤 일이 일어나는지에 대해 설명해주는 좋은 실례입니다.

예수를 믿고 받아들이면 삶에 변화가 일어납니다. 옛 욕망과 습관이 없어지고, 병과 실패가 떠나갑니다. 성경은 이에 대해, 모든 것이 새것이 되었다(고린도후서 5:17)고 적고 있습니다. 새 생명을 받아들이는 사람은 옛 것은 버리고, 새 성품, 새 건강, 새 소망 및 새로운 열정을 갖고 살아가게 됩니다.

옛 선지자들이 쓴 거룩한 글들에는, 하나님께서 선지자들을 통하여 말씀하신 말씀이 이렇게 적혀있습니다: *내가 새 마음을 너에게 주고, 새 영을 네 속에 집어넣어 주겠다. 내가 너의 육체에서 돌과 같은 마음을 제하여*

버리고, 부드러운 마음을 집어넣어주겠다. 내가 네 속에 나의 영을 집어넣어주고, 너로 하여금 내 율례 안에서 살도록 하겠다. (에스겔 36:26-27)

이 말은 우리가 하나님으로부터 나오는 생명을 받게 된다는 말입니다. 독자인 당신이 우리가 이 책에서 기술하고 있는 진리들을 믿으면, 당신이 이 책을 읽고 있는 동안에, 그분의 생명이 당신 속으로 들어가게 되는 일이 일어납니다.

* * *

다음 장에서 우리는 우리의 삶의 주인이 되시는 하나님으로부터 오는 생명을 받아들이게 된다는 것이 무엇을 뜻하는지에 대해 좀더 잘 설명할 수 있는 실화 하나를 소개하고자 합니다. 이 이야기는 어린 소녀들을 폭행하며 살다가 극심한 중풍에 걸려 애처롭게 살아가고 있던 모슬렘을 믿던 어떤 포악한 상인에 관한 이야기입니다.

이 젊은이는 사랑으로 가득 찬 하나님께서 주시는 용서와 존엄성이라는 선물을 받아들였습니다. 그러자 그는 그동안 갖고 있던 죄책감과 수치심에서 해방되었습니다. 하나님이 주시는 이러한 선물은 성경이 증거하고 있는 영원한 진리이신 하나님을 받아들이는 사람은 누구나 받을 수 있는 선물입니다. 수백만 명의 사람들이 새 기적 생명에 대해 들었고, 믿었고 또한 받아들였습니다. 당신도 그 생명을 지금 받을 수 있습니다.

모슬렘 신자인 그 사람은 화를 내시는 알라 신에 대해서만 듣고 자랐습니다. 그러나 이제 그는 생명이신 사랑의 하나님을 알게 되었습니다. 그는 이제 신의 분노에 찬 심판을 두려워하지 않고 살아갈 수 있게 되었고, 평강의 마음을 갖고 살아갈 수 있게 되었습니다.

제 13 장
모슬렘 무역상

영원하신 하나님의 기적 생명으로 인해 변화된 삶을 산다는 것이 무엇을 의미하는 지에 대해 알아봅시다. 하나님의 기적 생명을 받아, 삶이 변화된다는 것은,

첫째 : *하나님의 자녀가 되었다* 는 것을 의미합니다.

둘째 : *영원하신 하나님이 당신을 한없이 사랑하신다는 사실을 깨닫게 되었다* 는 것을 의미합니다.

셋째 : *당신의 죄가 용서받았다* 는 것을 의미합니다.

넷째 : *새로운 영적 생명을 받았다* 는 것을 의미합니다.

다섯째 : *하나님과 평화하였다* 는 것을 의미합니다.
예수 그리스도의 거룩한 가르침을 적고 있는 성경의 복음서 안에는 예수 그리스도께서 하신 다음과 같은 말씀이 적혀있습니다: *내가 너희에게 평화를 남겨 두고 떠난다. 내가 너희에게 평화를 준다.* (요한복음 14:27) *내가 너희에게 말하는데, 너희는 내 안에서 평화를 갖게 될*

것이다. (요한복음 16:33)

참 평화는 예수께서 십자가 달리심으로 자신이 받았어야할 죄에 대한 형벌이 면제되었고 죄가 완전히 청산되었다는 사실을 깨달을 때에 찾아옵니다.

옛 성경의 쉬운 말 번역서를 보면, *우리가 아직 죄인으로 지내고 있을 때에 하나님께서는 그리스도를 보내 우리를 위해 죽게 하심으로, 그분의 우리를 향한 위대한 사랑을 우리에게 보여주셨다... 그분은 우리가* **무죄** *라고 천명하셨다... 그래서 지금 우리는 하나님과 놀랍고도 새로운 관계 안에서 기뻐하게 되었다. 우리 주 예수 그리스도께서 우리 죄로 인해 하신 행하신 일로 인해, 우리는 하나님의 친구가 되었다* (로마서 5:8-9; 리빙바이블)는 기록이 있습니다.

새 기적 생명을 받는다는 것은 하나님과의 관계에서 참다운 평화를 경험한다는 것을 의미합니다.

죄 가운데 사는 사람은 창조주 하나님과의 참된 평화를 결코 경험할 수 없습니다. 참된 평강은 그리스도가 십자가에서 희생적 심판을 당하심으로 내가 받아야 할 심판이 소멸되게 되었다는 사실을 깨달았을 때 찾아옵니다. 참 평화는 내가 받아야할 저주 기록장부가 그리스도에 의해 소멸되었다는 사실을 깨달을 때에만 찾아옵니다.

옛적에 기록된 성경에는 다음과 같이 기록되어있습니다: *악한 자에게는 평화가 없다고 하나님께서 말씀하셨다.* (이사야 57:21) 사도 바울은 성경에서, *우리가 믿음으로 인해 의롭다함*⊕ *받았기 때문에, 우리는 주 예수 그리스도를 통하여 하나님과 평화로운 관계를 가게 되었다.* (로마서 5:1) *우리는 하나님의 아들의 죽음에 의해 주님에게로 다시 보내졌다... [그리고 지금] 우리는 그분의 친구이며 그분은 우리 속에 살고 계신다!* (로마서 5:10; 리빙바이블)

이렇듯 예수 그리스도를 받아들여야만, 영원하신 주님의 기적 생명을 경험할 수 있습니다. 다른 말로 하면 그분의 진리의 말씀과 거룩한 가르침을 받아들여만, *그분과 참된 평화* (로마서 5:1)의 관계를 맺을 수 있습니다.

* * *

모슬렘 신도인 시리아 출신 무역상이 돈을 벌 목적으로 아프리카의 가나에 정착하여 살고 있었습니다. 그는 우리의 가르침을 들어보기 위해 가나의 수도 아크라에서 열린 약 7만 5천 명 정도 모인 하나님의 사랑을 가르치고 기도하는 우리가 연 집회에 참석하게 되었습니다.

⊕ 의롭다 함을 받음 또는 칭의 (Justified or Justification) - 창조주 하나님과 화합되었기에 죄없는 깨끗한 존재라는 하나님의 선언.

그는 모슬렘 신도로서 그리스도의 복음과 그리스도인의 믿음에 대해 들어본 적이, 우리 집회에 참석하기 전에는, 한번도 없는 사람이었습니다.

그는 결혼한 적은 없었지만 작은 아프리카 소녀들을 상대로 자신의 육욕을 만족시키며 살아가고 있었습니다. 그는 장사할 때 부정직하였고, 주색에 빠져 부도덕하고 방탕한 삶을 살아가고 있었던 것입니다.

그러다가 마침내 심한 중풍에 걸려 몸의 한편이 마비되어 전혀 쓸 수 없게 되었습니다. 그는 자신의 몸을 고쳐보기 위해, 용하다는 주술가들을 찾아다녀 보았지만, 그들은 그에게 아무런 도움을 주지 못하였습니다. 그는 쇠약해질 때로 쇠약해진 자신의 몸을 끌고, 다리를 질질 끌며, 지팡이에 몸을 간신히 의지하고 얼굴은 어그러진 채 우리의 집회에 참석하게 되었습니다.

그 때 우리는 모인 사람들에게 하나님께서는 이 세상을 너무도 사랑하셔서 자신의 외아들을 주심으로 우리를 죄에서 구해주셨고, 인간들이 저지른 모든 죄의 결과들을 소멸시키셨다고 가르쳤습니다. 그 사람은 우리가 한 가르침을 잘 이해하게 되었는데, 이는 정말로 기적이라고 하지 않을 수 없습니다.

모슬렘들은 하나님의 사랑에 대해 들어본 적이 없는

사람들이 거의 대부분입니다. 그들에게 있어서, 알라는 힘과 복수의 하나님입니다. 그들은 창조주의 사랑에 대해 가르침을 받아본 적이 거의 없습니다.

중풍 걸린 그 모슬렘 신도는 우리가 가르치는 말을 경청하였습니다. 그는 자신이 지은 죄에 대한 대가를 그리스도가 대신 지불하였다는 것을 깨닫게 되자, 그가 저지른 죄가 얼마나 큰지를 알게 되었습니다.

그는 또한 하나님이 명하신 거룩한 율법에 의하면 죄에 대한 결과는 죽음 밖에는 없다는 사실도 알게 되었습니다. (에스겔 18:4, 20; 로마서 6:23) 그러자 그는 자신이 현재 걸려있는 중풍이라는 병을 예수께서 대신 지시고 십자가에 못 박혀 죽으셨다는 사실을 깨닫기에 이르렀습니다. 이런 생각이 미치자, 그 사람은 울면서, 지금껏 살아온 자신의 잘못된 삶을 회개하기 시작하였습니다.

그는 자신이 불경건한 삶을 살아온 것에 대해 마음의 가책을 받자, 수치스러운 마음이 생겼습니다. 그래서 그는 자신의 죄에 대해 회개의 눈물을 흘리며 하나님께 자비를 베풀어 달라며 소리를 질렀습니다. 그는 죄의 결과가 죽음이라는 성경의 진리를 깨닫고, 온몸을 떨었습니다. 이제 그는 그리스도의 십자가가 무엇을 의미하는지를 비로소 알게 되었습니다. 인간이 저지른 모든 죄로 인한 형벌을 예수께서 떠안고 십자가에서 고통당하고 죽으심으로, 인간이 하나님과 화해하게 되었고, 죄와 저주에서 완전히 해방을 받았다는 사실을 알게 되었습니다.

그는 또한 하나님께서는 자신의 형상대로 인간을 만드셨다는 사실과 인간이 하나님에 대해 그리고 다른 사람들에게 대해 죄를 짓고 사는 한, 결코 평화로운 삶을 살 수 없다는 사실도 깨닫게 되었습니다. 자신이 저지를 모든 죄를 씻어버리고, 절대로 빠져나올 수 없는, 하나님의 심판으로 인한 죽음이란 올무에서 자신을 구해내기 위해, 그리스도께서 피를 흘리셨다는 사실을 깨달았을 때, 그는 영광스런 변화를 경험하게 되었습니다.

하나님께 용서해 달라고 부르짖자, 얼마 후, 그는 말로는 다 표현 할 수 없는 놀라운 평화를 경험하였습니다. 이런 경험에 대해 그는 이렇게 말하였습니다: "내가 갖고 있던 두려움과 죄책감이 없어져 버렸습니다. 나는 그분의 거룩한 임재 안에 있다는 사실을 확실히 알게 되었습니다. 그 분의 심판을 받지 않아도 된다는 사실을 알고 나자, 나를 그동안 짓눌러 왔던 두려움이 없어졌습니다. 나는 예수가 내가 받아야 할 형벌을 대신 받아 십자가에서 고통당하셨고, 그 결과 나의 죄가 정결하게 되었다는 사실이 이해가 되어졌습니다. 나는 자유하게 되었고 용서받은 것입니다. 나에게 있던 죄책감이 사라졌습니다. 나는 새로운 피조물이 되었습니다."

그 사람은 수많은 사람들 앞에 서서 구원받은 것에 감격하여 눈물을 흘렸습니다. 그는 하나님의 지극한 사랑이 자신과 같은 죄질이 나쁜 죄인에게 까지 미쳤다는 사실에 너무나도 감격해 하는 바람에, 자신의 몸이 중풍에 걸렸다는 사실에 대해서는 전혀 의식을 하지 못하고 있었습니다. 그는 자신이 다시 태어나게 되었고, 이제부터는 자신을 사랑하시는 하나님과 함께 새로운 삶을 살아갈 수 있게 되었다는 생각에 너무 기뻐, 소리 지르느라고, 자신이 중풍에 걸려있다는 사실을 까맣게 잊고 있었던 것입니다.

자신의 흥분했던 마음이 어느 정도 진정되자, 그는 중풍으로 인한 몸의 마비가 사라져버렸다는 사실을 비로소 깨닫게 되었습니다. 풍을 맞아 한쪽으로 뒤틀어져 있었던 그의 얼굴도 다 제자리로 돌아왔습니다. 그의 손과 팔과 다리도 옛날 상태로 회복되었습니다. 이 사람은 영원하신 하나님이 주시는 하나님의 기적 생명을 받아 치유된 것입니다.

그는 단상으로 올라와 사람들에게 자신에게 어떤 일이 일어났는지에 대해 말해주었고, 자신이 그리스도를 믿는 새 사람이 되었다는 사실을 사람들에게 말해주었습니다.

그는 마비에서 풀린 자신의 몸을 사람들에게 보여주면서 계속 눈물을 흘렸습니다. 그러나 그는 자신의 몸이 정상으로 돌아왔다는 사실보다는, 하나님께서 자신이 갖고 있던 죄와 저주를 없애주셨다는 사실에 더 놀라워하는 듯 보였습니다. 그는 사람들에게, "저는 지금 하나님을 보고 있습니다! 나는 지금 하나님을 보고 있습니다!"라는 말을 계속하여 되풀이하였습니다.

그는 어제까지만 해도 사람들에게 두려움을 주고, 복수심에 불타는 알라 신만 알고 있었습니다. 그러나 그는 지금 생명이신 사랑의 하나님을 알게 되었습니다. 그는 앞으로 죄로 인한 심판을 받게 된다는 두려움 대신에 하나님이 주시는 평화로운 마음을 갖고 살아갈 것입니다.

이 모슬렘 신도가 경험한 놀라운 기적 체험은 예수 그리스도가 죽음을 이기시고 다시 살아나셔서, 현재에도 사람들에게 사역하고 계신다는 사실을 확실하게 증명해주고 있습니다. 이러한 기적들은 하나님을 세상의 모든 종교들과 구별되게 하고, 예수 그리스도를 이 세상의 그 어떤 훌륭한 종교 교사들과도 구별되게 만듭니다.

* * *

옛날에 기록된 거룩한 글(성경)에는 다음과 같은 내용이 적혀 있습니다: *너희가 예전에는 하나님 없이 지내는 잃어버린 자였다. 그러나 너희는 지금 그리스도 예수에게 속해있다. 너희가 예전에는 하나님으로부터 멀리 떨어져 지냈지만, 예수가 자기의 피로 이루어놓은 것으로 인해 지금은 그분에게 매우 가까이 있게 되었다. 그리스도 자신이 평화의 길이시다... 지금 너희는 하나님에게 낯 설은 사람이 아니고, 하늘나라 밖의 사람이 아니다. 너희는 그분의 가족이며, 그분 나라의 시민이고 또한 하나님 집안의 가족이다.* (에베소서 2:12-14, 19; 리빙 바이블)

왜 예수 그리스도가 십자가 위에서 죽었는지 이해가 가면, 당신을 대신해서 죽으신 그분의 죽음으로 인해 당신이 모든 저주에서 풀려났고, 이로 인해 당신이 하나님 앞에 당당히 설 수 있는 존재가 되었다는 사실을 이해하기는 그리 어렵지 않습니다. 죄 없는 당신이 하나님 앞에서 당당하게 설 수 있기에, 당신은 하나님과 평화의 관계를 맺을 수 있게 되는 것입니다.

그분의 아들의 피로인해 우리의 죄의 기록이 지워졌기 때문에 (골로새서 1:20; 히브리서 1:3), 사도 바울은 *하나님께서 너희들을 의롭게 만들어놓았다. 그러므로 이제 그 어*

떤 존재도 너희들을 정죄할 수 없게 되었다. (로마서 8:33)고 확언하였습니다. 이제 당신은 그분의 기적 생명을 받을 수 있게 되었습니다. 성경의 거룩한 글에는, *주 예수 그리스도를 믿어라. 그러면 너희가 구원을 받게 될 것이다*(사도행전 16:31)라는 글이 있습니다.

구원받는다는 것은 하나님과의 관계가 평화롭게 된다는 것을 뜻합니다. 세상의 그 어떤 종교와 종교 의식도 그리고 이 세상 사람들이 행하는 그 어떤 고행도, 우리 인간을 하나님과 평화로운 관계를 할 수 있는 완전히 변화된 새 인간으로 만들어 주지 못합니다.

* * *

다음 장에서 독자들은 쓰레기 야적장에서 14년간 살아온 정신이 온전하지 못한 어떤 사람에게 하나님의 인간을 변화시키는 사랑이 퍼부어진 놀라운 사건을 접하게 될 것입니다. 우리의 집회에 참석한 그 사람에게 예수 그리스도께서 나타나신 것입니다. 그에게 일어난 놀라운 일이 그 도시에 살고 있던 많은 사람들을 깜짝 놀라게 하였습니다.

양쪽 눈이 완전히 먼 한 여인이 오스본의 집회에 참석하여 진리를 받아들였습니다. 그러자 그녀의 영의 눈이 밝아졌을 뿐 아니라, 전혀 보이지 않았던 양쪽 눈의 시력도 회복되는 기적이 일어났습니다. 이런 일을 하실 수 있는 분은 오직 하나님이십니다. 그녀가 오스본 박사의 코를 만져 보며 자신의 시력이 회복 된 것을 사람들에게 증명해보이고 있고(위 사진), 오스본 박사를 따라 주먹을 쥐어 보이고 있습니다(아래 사진). 주위에서 이 광경을 지켜본 사람들은 매우 놀라서, 하나님을 신뢰하는 사람들에게 찾아오셔서 그분의 생명으로 치유해주시는 사랑의 창조주 하나님을 경배하였습니다.

인간이 죄를 짓고 병에 걸려서 살도록 하기 위해, 또한 하나님과 단절된 버림받은 삶을 살도록 하기위해 하나님께서 인간을 창조하신 것이 아닙니다. 하나님께서는 인간이 창조주 하나님과 행복한 관계를 맺어 하나님과 같이 살도록 하기 위해 인간을 창조하셨습니다. 그러나 인간의 죄가 하나님과 인간 사이의 관계를 가로막는 장벽이 되고 말았습니다.

제 14 장
미친 거지

영원하신 하나님의 기적 생명으로 인해 변화된 삶을 산다는 것이 무엇을 의미하는 지에 대해 알아봅시다. 하나님의 기적 생명을 받아, 삶이 변화된다는 것은,

첫째 : *하나님의 자녀가 되었다*는 것을 의미합니다.

둘째 : *영원하신 하나님이 당신을 한없이 사랑하신다는 사실을 깨닫게 되었다*는 것을 의미합니다.

셋째 : *당신의 죄가 용서받았다*는 것을 의미합니다.

넷째 : *새로운 영적 생명을 받았다*는 것을 의미합니다.

다섯째 : *하나님과 평화하였다*는 것을 의미합니다.

여섯째 : *하나님과 교제할 수 있도록 회복되었다*는 것을 의미합니다. 태초에 하나님께서는 인간을 만드실 때 자기의 형상대로 만드셨는데, 그 이유는 하나님께서 사람들과 같이 대화하기 위해서였습니다. 그러나 아담과 이브가 하나님의 말씀을 믿지 않음으로 말미암아, 하나님께

죄를 범하였습니다. 이와 관련하여 성경은, *너희들의 죄가 너희와 너희 하나님 사이를 갈라놓았고, 너희의 죄로 인해 하나님께서 얼굴을 돌리시고 너희의 말을 듣지 아니하시게 되었다* (이사야서 59:2)고 기록하고 있습니다.

인간이 죄를 지었기 때문에, 사람들은 그들의 아버지이신 하나님과 교제하는 대신에, 하나님을 두려워하게 되었습니다. 그러나 성경은 *예수 그리스도께서 십자가에서 우리의 죄를 자신의 몸에 담당하시므로, 그 결과 우리는 죄에 대해서는 죽게 되었고, 의에 대해서는 살게 되었다* (베드로전서 2:24)고 적고 있습니다.

오직 그리스도만이 우리를 죄에서 구해주실 수 있습니다. 그분의 가르침을 믿음으로 받아들이기만 하면, 그리스도의 기적 생명을 받아 변화된 인생을 살게 됩니다. 사도들이 쓴 거룩한 글들 중에는, *예수 그리스도께서 죽임 당하셨고 그분의 피로 인해 우리가 구속함을 받아 하나님께 갈 수 있게 되었다* (요한계시록 5:9)는 글이 있습니다.

우리와 하늘 아버지와의 관계가 다시 회복되어졌기에, 우리는 그분과 다시 교제할 수 있게 되었습니다. 예수가 자신의 생명을 우리의 죄에 대한 몸값으로 지불하셨다는 사실을 깨닫고, 하나님의 아들 예수 그리스도를 우리의 삶에 믿음으로 받아들이면, 하나님께 가까이 가서 그분과 교제하는 삶을 살 수 있게 됩니다. 그러기에 사도 요한은, *우리의 교제는 아버지와 그분의 아들 예수 그리스도와 함께하는 교제* (요한일서 1:3)라고 하였습니다.

예수 그리스도로 인하여, 주 하나님은 우리에게 *형제보다 더 가까운 친구* (잠언 18:24)가 되셨습니다.

우리가 한번은 라틴 아메리카에서 집회를 열고 있었을 때, 14년 동안 귀신들려 정처 없이 돌아다니는 한 미친 거지가 수많은 군중들이 모여 있는 우리가 연 집회 장소 근처를 배회하고 있었습니다. 그 미친 거지가 무슨 이유로 어떻게 해서 우리가 집회를 열고 있는 장소까지 오게 되었는지 아는 사람은 아무도 없었습니다.

그는 그동안 길거리에서 살았고, 시궁창 옆에서 잠을 잤고, 음식을 찾기 위해 쓰레기 더미를 뒤지며 살아왔습니다. 그의 옷은 더럽고 걸레 같았습니다. 그의 수염과 머리카락은 길었고, 짐승의 털처럼 서로 엉켜있었습니다.

그 불쌍한 거지는 우리가 열고 있는 큰 집회 장소의 끄트머리에 서 있었습니다. 우리가 메시지를 마치자, 거기에 모인 수많은 사람들이 하나님께 자신을 구원해 달라고 기도하기 시작하였습니다. 이 때 예수님께서 미친 사람에게 나타나, 손가락으로 그 사람을 가리키며, 그 사람에게 있는 악한 귀신들은 그 사람에게 떠나고 다시는 들어오지 말라고 명령하셨습니다. 그 순간 그 사람은 제정신이 돌아와 정상인이 되었습니다. 정신이 돌아오자, 그 사람은 그리스도를 따르기로 결심하였습니다.

미친 거지로 살아가던 그 사람에 있던 귀신들을 예수님이 쫓아주시자, 그 사람은 즉시로 하나님의 왕족의 일원이 되었습니다. 하나님께서는 14년 동안 사람들에게 버림받으며 살아온 사람과 친구관계를 맺어 그 사람과 사귀기를 원하셨기에, 그런 일이 일어난 것입니다. 얼마나 놀라운 일입니까?

이 사람은 자신이 정상인이 되자, 자기에게 어떤 일이 일어났는지에 대해 사람들에게 말해주고 싶어 견딜 수가 없었습니다. 그래서 그는 사람들을 헤집고 단상 쪽으로 걸어갔습니다. 그러나 단상을 지키는 경비들이 그 사람이 그 도시에 살고 있는 미친 거지임을 알고, 그 사람이 단상으로 올라가는 것을 제지하였습니다. 그래서 그 사람은 단상의 다른 쪽으로 가서 단위로 올라가려고 하였습니다. 그러나 이쪽 단상을 지키는 경비가 다른 쪽 단상을 지키고 있는 경비에게 수신호를 보내, 그 사람이 단상으로 올라가는 것을 다시 막아버렸습니다.

그러나 다행하게도, 집회가 끝나자 사람들이 미친 거지였던 그 사람이 하나님의 방문을 받아서 하나님의 은혜의 기적이 그 사람에게 나타나게 되었다는 사실을 알게 되었습니다. 그래서 어떤 사람이 그 사람을 자기의 집으로 데리고 가서 목욕을 할 수 있도록 해주었습니다. 그 다음날 사람들이 그 사람에게 새 옷을 사주었고, 수염을 깎고 이발을 하도록 해준 후, 말끔해진 그 사람을 우리가 연 큰 집회에 데리고 왔습니다.

어제만 해도 미쳐서 지내던 그는 말끔한 신사차림을 하고 치유받은 다른 사람들과 함께 단 위로 올라갔습니다. 그는 그리스도가 자신에게 어떤 일을 해주셨는지 사람들에게 말해주기 위해 단상위로 올라 간 것입니다.

이 사람이 말할 차례가 되자 말은 하지 못하고 울기만 하였습니다. 한참을 울던 이 사람은 이윽고 마음을 진정시키고는 사람들에게 다음과 같은 말들을 하였습니다: "만일 여러분들이 내가 누구인지 알았더라면, 이곳을 지키는 경비가 내가 이곳에 올라와 그리스도가 나에게 해주신 일을 간증하지 못하도록 제지하였을 것입니다."

"저는 여러분들이 사는 도시에서 14년 동안 땅바닥에 잠을 자고 쓰레기더미에서 먹을 것을 뒤지며 살았던 거지입니다. 제가 그런 삶을 살았던 것은 귀신들이 나를 죽이기 위해 내 속에 들어와 나를 장악하고 있었기 때문이었습니다. 나는 그렇게 살고 싶지 않았지만, 귀

미친 거지

신들이 나를 조정해서 나는 어쩔 수가 없었습니다."

"내가 왜 어제 이 집회 장소에 오게 되었는지는 나도 모르겠습니다. 어제 많은 사람들이 예수를 받아들이는 기도를 할 때, 나도 따라 했습니다. 그때 나는 예수님을 보았습니다. 내 앞에서 서서, 그 분은 내 속에 있는 귀신들에게 떠나가라고 명령하셨습니다. 그분께서 그런 명령을 내리자마자, 나는 자유하게 되었습니다. 오, 나의 친구들이여, 나는 이제 자유합니다."

"나를 보십시오! 나는 더 이상 당신들이 버린 쓰레기를 뒤지고 길바닥에서 잠을 자는 거지가 아닙니다. 나는 예수 그리스도의 기적 생명에 의해 변화된 새 사람입니다. 나는 지금 다시 태어났습니다. 예수님을 나를 사랑하십니다. 나는 여러분의 형제입니다. 예수님은 나를 사랑하십니다. 나는 구원받았습니다!"

이제 그 사람은 하나님과 친하게 지낼 수 있게 되었습니다. 그의 영과 육과 혼이 고침 받았고 자유함을 받았습니다.

성경은 이것을 구원이라고 부릅니다. 당신이 이 책을 읽는 동안, 그분의 기적 생명을 받기 원해서 이 책에 기록된 진리들을 수용한다면, 하나님께서 당신에게 오십니다. 이제 진리의 씨앗이 당신의 삶에 뿌려지고 싹이

나서 그 능력으로 말미암아 그 하나님의 생명(Divine Life)이 당신 안에 창조되었습니다.

* * *

우리는 그 동안 여러 나라에서 집회를 열면서 이 사람처럼 정신 나간 사람들이 고침을 받고 정신이 온전하게 된 것을 여러 차례 목격해왔습니다. 예수 그리스도께서는 이천 년 전에 이 땅에서 사역하실 때 많은 병자들을 고쳐주셨다고 성경이 기록하고 있습니다. 예수님은 변하지 않으시는 하나님이십니다. 그분은 지금도 살아계셔서 사람들을 고쳐주고 계십니다. 많은 인간들 중에 그분만이 자신의 예언대로 죽었다가 다시 살아나신 분이십니다. 그분만이 자신의 가르침이 진리임을 증명하신, 역사상 유례가 없는 위대한 영적 교사요 지도자이십니다.

그리스도의 부활로 인해 그분이 전한 진리는 신뢰할 수 있는 복음임이 증명되었습니다. 예수가 자신이 예언대로 부활하였다는 점이 그분을 이 세상에 있는 각종 종교들 및 종교의식들과 구별되게 만듭니다.

최근에 우리는 아프리카에 있는 불어를 사용하는 어떤 나라에서 집회를 가졌는데 무려 십만 명이 우리의 집회에 참석하였습니다. 그리고 그 집회가 열렸던 어느 날, 서로 다른 지역에서 사는 세 명의 미친 사람들이 손과 발이 쇠사슬과 밧줄로 묶여 우리가 열고 있는 집회에 끌려왔습니다.

그날 우리는 그때 매우 큰 단위에 서서 옛 성경의 거룩한 글 속에 담겨있는 진리들을 수많은 군중들에게 가르쳤습니다. 성경에는, *복음은 구원에 이르게 하는 하나님의 능력이다* (로마서 1:16)라고 외친 사도 바울의 말이 기록되어져 있습니다.

우리가 그 아프리카의 집회에서 성경에 있는 위대한 진리들을 가르치고 있는 동안, 끌려온 세 명의 미친 사람들이 하나님의 임재로 인해, 기적적으로 고침받아 정신이 온전해지는 일이 일어났습니다. 우리는 이에 비슷한 기적들을 전 세계를 돌아다니며, 수없이 많이 보아왔습니다. 우리가 목격한 수없이 많은 기적들은 예수 그리스도께서는 오늘도 살아 계시다는 사실을 여지없이 증명하여줍니다.

고로 성경이 다음과 같이 증거하는 것은 결코 이상한 일이 아닙니다: *주 우리 하나님과 같은 자 누구인가?... 그분은 가난한 자를 먼지 구덩이에서 끌어내시고, 궁핍한 사람을 오물 구덩이에서 일으켜주신다. 그분은 사람들을 하나님의 백성들의 왕자들로 세우려고 그렇게 하신다.* (시편 113:5-8)

* * *

인간이 죄를 짓고 병에 걸려서 살도록 하기 위해, 또한 하나님과 단절된 버림받은 삶을 살도록 하기위해 하나님께서 인간을 창조하신 것이 아닙니다. 하나님께서는 인간이 창조주 하나님과 행복한 관계를 맺어 하나님과 같이 살도록 하기 위해 인간을 창조하셨습니다. 그러나 인간의 죄가 하나님과 인간 사이의 관계를 가로막는 장벽이 되고 말았습니다,

우리가 하나님과 다시 화목하게 되도록 하기 위해, 그리스도께서는 우리의 죄 값을 자신의 피 값으로 대신하셨습니다. (마태복음 26:28) 성경은 이렇게 말하고 있습니다: *만일 우리의 죄를 [그분에게] 고백하면, 그분은 신실하시고 의로우셔서 우리의 죄를 용서하여주시고 우리를 모든 불의에서 깨끗하게 해주신다.* (요한일서 1:9)

예수님께서 우리를 구하기 위해, 우리가 받아야 할 형벌을 대신 받으셨고 목숨까지 잃으셨습니다. 그 결과 우리의 하나님과 멀어졌던 관계가 다시 회복되었습니다.

그래서 우리는 이제 아무런 두려움, 죄책감, 수치심 및 열등감이 없이, 그분 앞에 당당하게 설 수 있게 되었습니다. 우리가 그렇게 될 수 있는 것은 그리스도가 우리를 위해 십자가에서 죽으셨기 때문입니다.

숭고한 책인 성경은 *예수 그리스도께서 자진하여 우리의 죄를 깨끗하게 없애주신 후, 높으신 하나님의 오른편에 앉으셨다* (히브리서 1:3)고 기록하고 있습니다.

사람들이 저지른 모든 죄들이 기록된 책에서, 우리가 저지른 각종 죄들의 죄목과 내용들이 지워졌습니다. 그렇기 때문에, 우리는 하나님을 다시 만나 그분과 같이 걸으며 대화를 나눌 수 있게 되었습니다.

리빙 바이블 성경은 이에 대해 아주 분명한 번역을 하고 있습니다: *구원은 우리가 행한 우리의 선한 행위에 대한 상급이 아니다.* (에베소서 2:9) *하나님 자신이 예수 그리스도의 희생을 통해 우리에게 새 생명을 주셨다.* (10절) ... *당신이 전에는 하나님을 잃어버려진 채, 희망이 없이 살아가고 있었다. 그러나 예수 그리스도께서 당신의 죄를 없애주시기 위해 자신의 피를 쏟으셨기 때문에, 이제 당신은 하나님 매우 가까이에 있을 수 있게 되었다.* (12-13절)

* * *

다음 장에서, 우리는 성경에 대한 이해의 불빛이 당신에게 켜지고 당신의 삶에 기적적인 변화가 일어나도록 하는 성경의 진리들에 대해 설명하고자 합니다.

이 세상 곳곳에 흩어져있는 다양한 형태의 수많은 절, 산당, 성당 및 종교적인 기념물들은 인간들이 자신들에게 유익을 주는 신들을 강하게 원하고 있다는 사실을 잘 증명하여 줍니다. 당신이 만일 이 책을 통해 설명되어지고 있는 진리들을 간절한 마음으로 수용한다면, 당신을 걱정하고 계시고, 당신이 하나님의 기적 생명을 하루 빨리 받게 되길 원하시는 긍휼이 많으신 창조주 하나님을 새롭게 발견하게 되는 일이 당신에게 분명히 일어나게 될 것입니다.

주 예수님께서 사도 바울에게 나타나시기 전에, 그는 종교성이 매우 강하였지만, 그리스도가 자신의 구원자라는 사실만은 믿지 않았던 사람이었습니다. 그는 종교적인 열심이 대단하였지만, 그리스도를 만나게 되자, 자신이 얼마나 종교에만 몰두하는 헛된 인생을 살아왔는지를 철저하게 깨달았습니다. 종교심에 나온 그의 경건은 그를 죄에서 건져낼 수 없었던 것입니다.

제 15 장

분리시키는 구렁텅이

하나님의 기적 생명에 의해 변화된 사람이 되기 위해 우리가 깨달아야 할 것은 바로 성경이 말하고 있는 다음과 같은 진리입니다 : *모든 사람들이 죄를 지어서 하나님의 영광에 도달할 수 없게 되었다.* (로마서 3:23) *너희의 죄가 너희와 하나님 사이가 서로 분리되도록 하였고 너희의 죄악이 그분의 얼굴을 너희에게로부터 가려지게 하였다.* (이사야 59:2)

죄는 사람을 하나님으로부터 분리시켜 하나님의 축복을 받지 못하도록 하는 구렁텅이입니다. 인간이 저지른 죄들 중에서 가장 큰 죄는 아담과 이브가 에덴동산에서 살 때 저지른 죄입니다. (창세기 2:17; 3:6) 이들은 하나님의 말씀을 신뢰하지 않음으로, 결국 창조주의 말씀에 불순종하는 큰 죄를 범하였습니다. 우리도 하나님의 말씀이 기록된 거룩한 책 성경이 말하고 있는 바를 믿지 않으면 큰 죄를 범하게 됩니다.

옛 성경에 기록된 고귀한 진리들 중 하나는 다음과 같은 말씀입니다: *한 사람 [아담]으로 인해 죄가 이 세상에 들어왔고, 죄로 인해 죽음도 이 세상에 들어왔다. 모든 사람이 죄를 범하였기 때문에, 모든 사람들이 죽음을 맞이하게 되었다.* (로마서 5:12) 그렇다면 죄란 무엇입니까?

사랑받는 사도 요한은, *모든 불의가 죄* (요한일서 5:17) 라고 하였습니다. 그렇다면 무엇이 불의입니까?

예수님은 사람들에게 다음과 같은 놀라운 가르침을 주셨습니다: *사람의 마음에서 악한 생각, 음란, 도적질, 살인, 간음, 탐심, 사악함, 속임, 음탕, 흘기는 눈, 신을 모독하는 생각, 자만심 및 어리석은 생각이 나온다. 이 모든 것들은 사람 속에서 나와 사람을 더럽게 한다.* (마가복음 7:21-23)

죄에 관한 성경의 또 다른 가르침은 다음과 같습니다.

사람 속에는 불의, 음란, 악함으로 그리고 시기, 살인, 쟁론, 속임, 적의, 수군거림, 하나님에 대한 증오심, 불손, 거만, 자랑, 악을 도모함, 부모에게 거역함, 이해부족, 약속을 깸, 무정함 및 무자비함이 가득차있다. 사람들은 이런 일들을 행하는 사람들을 죽어야 마땅함에도, 오히려 그들이 행하는 짓을 자신들도 동일하게 행할 뿐 아니라, 그런 일을 행하는 사람 쳐다보기를 즐기기까지 한다. (로마서 1:29-32)

거룩한 책 성경은 우리에게 인간이 저지르고 있는 죄의 목록이 무엇인지에 대해 이렇게 기록하고 있습니다:

불의한 사람은 하나님 나라를 유산으로 받지 못한다는 사실을 너희들은 알지 못하는가? 속임을 당하지 말아라. 음란한 자, 우상숭배자, 간음하는 자, 여성 역할을 하는 남자, 남자들과 이상한 짓을 하는 사람, 도둑질 하는 자, 탐욕이 있는 자, 술 취한 자, 남을 욕하는 자, 남의 것을 강탈하는 자들은 하나님 나라를 유산으로 받지 못한다. (고린도전서 6:9-10)

성경은 죄를 다음과 같이 정의하고 있습니다:

죄가 하는 일은 다음과 같은 행위들로 인해 명백하게 나타난다: 간음, 간통, 불결함, 호색, 우상숭배, 주술을 행함, 증오함, 적대심을 품음, 경쟁심, 분노, 다툼, 난동을 피움, 이단, 시기, 살인, 술에 취함, 흥청거림 및… 이런 짓들을 행하는 사람들은 하나님 나라를 유산으로 받지 못한다. (갈 5:19:21)

하나님께서 우리에게 반드시 지켜야 할 십계명이라

고 불리는 열 가지 계명을 주셨습니다. *하나님이 세우신 법을 지키지 않는 사람들은 반드시 죽게 됩니다.* (에스겔 18:4) 성경은 *모든 사람들이 죄 아래에 있다* (갈라디아서 3:22)고 선포합니다. *만일 우리가 죄 없다고 말하면, 우리는 우리 자신을 속이고 있는 것이고 진리가 우리 속에 없는 것입니다.* (요한일서 1:8)

옛 선지자 이사야는, *우리 모든 사람들은 양처럼 길을 잃었다. 우리는 자기가 가고 싶은 길을 자기 마음대로 갔다.* (이사야서 53:6) *우리 모두는 깨끗하지 못한 물건과 같다. 인간의 모든 의는 불결한 걸레와 같다* (이사야서 64:6)고 말하였습니다.

* * *

하나님 앞에서 정직하는 것은 우리의 인생에서 매우 중요합니다. 성경의 첫 부분에 기록되어 있는 내용에는 이 세상에 처음으로 살았던 사람들에 대해 다음과 같이 기록하고 있습니다: *하나님께서 그들의 사악함이 온 땅에 퍼진 것과 그 사람들이 계속해서 악한 생각만 하는 것을 보셨다... 모든 육체가 이 땅에서 자신의 길을 가느라 부패하였다.* (창세기 6:5, 12) 성경에 나오는 어떤 위대한 선지자는, *모든 만물들 중에 사람의 심령이 가장 부패하였고 심하게 악하다. 도대체 누가 사람*

의 마음속을 알겠는가? (예레미아 17:9)라며 한탄하였습니다.

주 예수님께서 사도 바울에게 나타나시기 전에, 그는 종교성이 매우 강하였지만, 그리스도가 자신의 구원자라는 사실만은 믿지 않았던 사람이었습니다. 그는 종교적인 열심이 대단하였지만, 그리스도를 만나게 되자, 자신이 얼마나 종교에만 몰두하는 헛된 인생을 살아왔는지를 철저하게 깨달았습니다. 종교심에 나온 그의 경건은 그를 죄에서 건져낼 수 없었던 것입니다.

사도 바울은 이렇게 말하였습니다: *우리가 바보였고, 불순종했고, 속였고, 여러 가지 육욕을 따라 살았고, 쾌락을 추구하며 살아왔다. 우리는 악과 시기함과 증오함과 서로 서로를 미워하면서 살아왔다.* (디도서 3:3) *우리는 육체와 마음이 원하는 것을 하며 살아왔다. 우리는 본성적으로 분노의 자녀였다.* (에베소서 2:3)

그러므로 우리가 하나님과 화합하고 연합하기 위해서는 진리를 밝히 깨달아야합니다. 하나님의 기적 생명에의 의해 변화받기 위해, **우리는 우리를 위해 자기의 아들로 하여금 자신의 생명을 버리도록 하신 창조주 하나님의 측량할 수 없는 사랑을 알아야 합니다. 우리는 우리가 저지른 죄에 대한 값을 지불하신 그리스도의 십**

자가 희생을 참으로 귀하게 여겨야합니다. 우리는 십자가 위에서 이루어진 하나님의 죽음을 통한 인간의 구속은 이 세상에 일어났던 수많은 사건들 중에서 가장 위대한 사건이라는 사실을 인정해야 합니다.

* * *

자신이 선한 삶을 살았기 때문에 하나님 앞에 설 수 있다고 생각하는 사람은 하나님이 주시는 자비와 은혜를 거부하는 사람입니다.

옛 선지자 이사야는, *우리 모두는 더러운 물건과 같다. 우리의 모든 의는 불결한 걸레와 같다* (이사야서 64:6)고 하였습니다.

예수님은 자신이 갖고 있는 종교와 자신이 하는 선한 행동을 통해 하나님 앞에 설수 있게 된다고 생각하는 사람들에 관해 말씀하실 때, **바리새인**을 지칭하며 다음과 같이 말씀하셨습니다.

어떤 바리새인이 서서, '하나님, 내가 남의 것을 강탈하는 자, 불의한 자, 간음을 행하는 자 및 심지어는 서민들과 같지 않은 자인 것에 대해 당신께 감사를 드립니다. 나는 일주일에 두 번씩 금식합니다. 나는 내 소유의 십분의 일을 바쳤습니다.' 고 기도하였다. (누가복음 18:11-12)

바리새인들은 예수님께서 지적하신 것처럼, 자신들

이 행한 종교 행위를 대단하게 생각하였습니다. 그들은 그러한 자신들의 행동에 대해 수치심을 느끼지 않았고 후회하지도 않았습니다.

바리새인에 관한 말씀을 마치시자, 곧 이어 예수님께서는 하나님을 기쁘게 하였던 다른 한 서민들의 기도하는 모습을 손으로 가리키시며 이렇게 말씀하셨습니다.

한 서민은... (기도할 때) 손을 들지도 않고 눈을 하늘로 향하지도 않았다. 그러나 그 사람은 '하나님 나같은 죄인에게 자비를 베풀어 주십시오' 라며 가슴을 치며 기도하였다. (누가복음 18:13)

이런 말씀을 하신 후, 예수님께서는 이렇게 결론을 지으셨습니다: *저 바리새인보다 이 서민이 더 의롭다. 그 이유는 자신을 높이는 사람은 낮아지고, 자신을 낮추는 사람은 높임을 받기 때문이다.* (누가복음 18:14)

하나님의 기적 생명을 받기위해 사람이 해야 할 선한 행동은 아무것도 없습니다. 그 어떤 인간의 훌륭한 행동도 영원하신 분에게 가까이 갈 수 있도록 해주지 못합니다. 죄가 하나님과 인간이 서로 가까이 있지 못하게 하는 분리자요, 벽이며 구렁텅이입니다.

죄로 인해 인간과 창조주 하나님이 서로 멀어졌습니다. 사람들은 어떻게 해서든 하나님의 마음을 움직여

보려고, 종교 의식을 행하고, 종교 축제를 열고, 절과 사당 및 신전들을 짓습니다. 그리고 그 안에서 영원하신 하나님을 만나보려고 온갖 애들을 씁니다. 그러나 그들 안에 있는 죄가 그들로 하여금 진리이신 하나님을 보지 못하게 하므로, 그런 종교적인 모든 행위들은 사람들로 하여금 하나님을 만나도록 하는데 아무 효력이 없습니다.

저명한 사도였던 바울이 한번은 아테네에 있는 원형극장의 단상에 서서, 거기에 모인 아테네 군중들에게, *여러분들은 너무도 미신적입니다... 나는 여러분의 제단에 '(우리가) 모르는 신에게' 이라고 쓰인 글을 보았습니다... 하늘과 땅의 주인이신 분은 사람의 손으로 만든 신전에 거하시지 않고 또한 인간의 손으로 만든 것들을 통해 경배받으시지도 않으십니다. 그분은 모든 사람에게 생명과 호흡을 주시는 분이십니다... 주님을 찾으십시오... 그 분 안에서 우리가 살고 움직이고 존재합니다... 우리는 그분의 자손들입니다. 고로 하나님은 인간들이 정교하게 만든 금, 은 및 돌로 된 우상 조각물에 계시는 것이 아닙니다.* (사도행전 17:24-31) 이러한 바울의 말은 종교가 추구하는 모든 것은 결국은 막다른 골목에서 끝이 난다는 것을 말해줍니다.

그러나 하나님과 화해하여 그 분과 참된 평화의 관계를 맺고 살기 원하는 사람들에게는 하나님 앞으로 가는 길이 활짝 열려있습니다. 이제 우리는 이에 관한 진리를 독자 여러분들과 나누고자 합니다.

라도나 오스본

오스본 가족이 쓴 책이 많은 사람들의 영적인 눈이 떠지게 하였습니다. 남아프리카 공화국에서 있었던 오스본의 집회 때, 그 책들이 사람들에게 배부되었습니다.

콜롬비아의 메델린에서 있었던 가르치고 기도하는 대규모 집회

티 엘 오스본

티 엘 오스본과 라도나 오스본이 중국의 서쪽 국경에 위치하고 있는, 과거 모슬렘 나라였던 키르키츠스탄에서 가르치는 집회를 열었을 때 수천의 사람들이 모였습니다.

성경적인 회개는 죄 지은 것에 대해, 단순하게 후회하거나 사람들에게 사과하는 것이 아닙니다. 회개는 그보다 훨씬 강한 의미를 지니고 있습니다. 회개는 죄에서 돌아서는 것과 사람이 변화되는 것을 수반합니다. 회개를 하면 반드시 과거의 삶의 태도가 바뀌게 되어있습니다. 회개란 죄에서 돌아서서 반대 방향으로 걸어가기 시작하는 것을 의미합니다.

제 16 장

새로운 관점

이제 우리가 기술하려고 하는 진리는 영원하신 분의 기적 생명을 받아 변화된 존재가 되기 위해 독자인 당신이 반드시 받아들여야할 진리입니다. 우리는 죄의 파괴성을 심각하게 깨달아 죄에 대한 우리의 생각이 깨우쳐지고, 죄에 대한 우리의 태도가 바뀌어져야만 합니다. 성경은 이것을 *회개*라고 하였습니다.

하나님의 기적 생명이 주는 능력으로 인해, 영의 눈이 떠져서 새로운 존재가 되는 경험을 하기 위해서, 반드시 아래의 네 가지 진리를 이해하고 받아들여야합니다.

1) 하나님께서는 당신을 향한 하나님의 사랑을 알도록 하기 위해, 또한 당신을 창조하신 분이 하나님이시란 사실을 알도록 하기위해, 인간이 되어, 하나님의 아들 예수 그리스도라는 분으로 (in the person of His

Son, Jesus Christ) 이 세상에 내려오셨다는 사실을 당신은 이해하여야 합니다.

2) 주권자 하나님께서 당신을 죄의 권세로부터 뽑아내어 하나님 왕족의 일원으로 회복시키기 위해, 자신의 외아들의 생명을 당신의 죄에 대한 값으로 지불하였다는 사실을 알아야 합니다.

3) 하나님은 당신을 너무도 사랑하시기에, 당신이 죄의 결과로 생긴, 죄책감, 저주, 질병, 아픔, 가난, 실패, 외로움 및 타락의 삶을 살도록 내버려두지 않으신다는 사실을 알아야 합니다.

4) 예수는 당신의 모든 허물과 죄를 짊어지시고, 당신이 받았어야 마땅한 심판과 형벌을 받아, 심한 고통을 당하신 후 죽으셨다는 사실을 알아야하고, 그분이 당신을 대신하여 희생되심으로 인해 당신의 죄가 없어졌고, 의롭게 되었으며 하나님과 화해되었다는 사실을 알아야 합니다.

* * *

인간의 죄를 없애주기 위한 하나님의 이러한 계획을

알게 되면, 즉 위의 진리들을 믿고 받아들이게 되면, 그 어떤 사람이든 자신의 범한 죄를 대하는 태도에 심각할 정도의 변화가 일어나는데, 성경은 이것을 *회개* 라고 합니다.

성경은 인간을 위한 좋은 소식을 선포하고 있습니다. 하나님께서는 우리를 너무도 사랑하셔서 자신의 아들이 우리의 죄를 떠맡도록 하셨고, 우리가 받아야할 형벌을 대신 받아 고통당하도록 하셨고, 우리의 죄에 대한 심판을 그분이 받도록 하셨고, 우리가 죽어야하는 죽음을 대신 죽도록 하셨습니다. (요한복음 3:16) 그분이 그렇게 하신 것은 자신이 갖고 있는 기적 생명을 우리와 함께 나누어갖고 싶어서였고, 우리와의 관계를 회복하여 우리를 친구와 파트너로 삼고 싶어서였습니다.

회개란 예수가 십자가에 달려 고통하신 이유는 그분이 우리의 죄에 대한 판결을 우리 대신 받으시고, 벌을 우리 대신 받으셨기 때문이란 사실을 깨닫는 것에서부터 시작됩니다. *죄의 삯은 사망입니다.* (로마서 6:23) 예수님은 우리가 죽어야할 자리에서, 우리 대신 죽으셨습니다. 그분은 죽음에 관한한 우리의 대리자가 되셨습니다.

그분의 죽음이 우리를 위한 죽음이었다는 사실을 이해하게 되면, 우리는 우리가 저지른 죄에 대해 마음 아파할 수밖에 없습니다. 이것이 회개입니다. 회개의 결과 우리는 우리의 삶의 스타일을 바꾸고자 노력하게 됩니다.

성경은, 하나님의 뜻에 합당한 슬픔은 **회개**로 인하여 우리가 구원에 이르도록 해준다 (고린도후서 7:10)고 말하고 있습니다.

성경의 다른 곳에는, 하나님께서는 모든 곳에서 사는 모든 사람에게 회개하라고 명령하신다 (사도행전 17:30)라는 말씀이 적혀있습니다.

사도 베드로는 사람들에게, 회개하라… 너희들 모두가 예수 그리스도의 이름으로 죄 없이함을 받으라 (사도행전 2:38)고 외쳤습니다.

성경은 예수님을 따르던 사람들이 밖으로 나가 사람들에게 회개하라고 외쳤다 (마가복음 6:12)고 하였고, 예수님의 사역에 대해서는, 그때부터 그분은 사람들에게, 천국이 가까이 왔으니 회개하라고 외치기 시작하셨다 (마태복음 4:17)고 하였습니다.

주 예수님께서는, 친구를 위하여 목숨을 내어놓는 것보다 더 큰 사랑은 없다 (요한복음 15:13)라고 말씀하셨는데, 그분은 정말 그분의 친구인 당신과 나를 위하여 자기의 목숨을 내어놓으심으로 우리의 가장 친한 친구이심을 확실하게 증명하셨습니다.

이에 대해, 사도 바울은, *우리가 아직 죄인이었을 때, 그리스도께서 우리를 위하여 죽으심으로 하나님께서 우리를 향한 자신의 사랑을 확증하셨다* (로마서 5:8)고 하였습니다.

* * *

회개는 자신의 마음, 시각 및 삶의 태도를 바꾸는 것입니다. 회개는 자신의 죄에 대해 하나님이 슬퍼하시는 것과 같이 슬퍼하는 것이고, 이제껏 살아온 삶의 스타일과 행동을 바꾸는 것입니다.

어떤 사람이든, 자신이 경험하고 있는 죄책감, 두려움, 절망, 수치심, 분노, 냉담, 폭력, 좌절이 하나님과의 관계 단절로 인한 영적 죽음이 죄의 결과라는 사실을 깨닫게 되면, 자기가 범한 죄를 철저하게 미워하게 됩니다.

그렇게 되면, 우리는 우리가 아무런 죄도 범하지 않았다고 생각하였던 과거의 태도를 버리고, 우리가 자신 및 가족, 친구와 이웃들에게 해를 끼쳤다는 사실을 인정하게 됩니다. 즉 자신의 죄가 자신이 겪고 있는 슬픔의 원인이라는 사실을 인식하게 됩니다. 죄는 정말로 인생에 상처를 남기고, 가정을 파괴하고, 부부관계에 금이 가게하고, 자녀들을 잘못될 길로 나가게 하고, 몸을 병들게 하고, 영혼을 좀먹게 합니다.

예수님께서는 당신과 나를 위해 우리의 죄를 뒤집어 쓰심으로, 우리의 죄 값을 지불하셨습니다. 이러한 탁월한 진리에 대해 곰곰이 생각해 보고 있노라면, 우리의 영혼 속 깊은 곳에서 회개가 일어납니다.

그리스도께서는 사람들에게, *너희도 **회개**하지 않으면 그런 식으로 다 망하게 된다.* (누가복음 13:3, 5)고 말씀하셨을 때 매우 강력한 어조로 말씀하셨습니다.

성경적인 회개는 죄 지은 것에 대해 단순하게 후회하거나 사람들에게 사과하는 것이 아닙니다. 회개는 그보다 훨씬 강한 의미를 지니고 있습니다. 회개는 죄에서 돌아서는 것과 사람이 변화되는 것을 수반합니다. 회개를 하면 반드시 과거의 삶의 태도가 바뀌게 되어있습니다. 회개란 죄에서 돌아서서, 이때 까지 걸어온 인생의 길과는 정 반대의 길로 걸어가기 시작하는 것입니다.

성경에 나온 한 특별한 이야기는 회개가 무엇인지에 대해 잘 설명해주고 있습니다. (누가복음 15:15-21) 방탕한 아들(탕자)인 한 젊은이가 자신의 아버지가 제공해 주는 부요, 안전 및 직위를 버리고 아버지 곁을 떠나 방탕한 삶을 살더니 급기야 아버지로부터 받은 유산을 다 허비하고 인생이 가련하게 되었습니다. 가난, 외로움,

절망의 나락으로 떨어지자, 그는 어쩔 수 없이 돼지를 치며 돼지가 남긴 것을 먹는 비참한 생활을 하게 되었습니다.

그러던 어느 날 그는 정신이 번뜩 들었습니다. 그래서 그는 처참한 삶을 종료하고, 아버지의 집으로 돌아가기로 결정하였습니다. 그는 수치심으로 낮아진 마음으로, 있던 곳을 떠나 아버지가 계신 집으로 발걸음을 내딛기 시작하였습니다. 그는 이윽고 아버지를 만나, *아버지 제가 당신에게 죄를 지었습니다* 라고 말하였습니다.

아버지는 아들의 이 말을 하기 전에 이미 그를 용서하였습니다. 아버지는 그 아들을 보자마자 품에 안고 집으로 인도하였습니다. 그리고 그의 다른 아들이 갖고 있었던 권한과 동일한 권한을 돌아온 아들에게 주었습니다. 사랑이신 우리의 하늘 아버지는 우리가 잘못을 깨닫고 그분에게로 다시 돌아갈 때, 탕자를 사랑으로 맞아주는 아버지처럼 우리를 맞아주십니다.

성경에는 회개한 사람들의 이야기가 기록되어 있습니다. 욥은 자신의 죄를 깨닫고는, *나는 나를 혐오한다.* (욥기 42:6)고 고백하였습니다. 이사야는, *나에게 화가 있으라! 나는 더러운 입을 가진 사람이다.* (이사야 6:5)라며 애통해했고, 베드로는, *나는 죄인이다* (누가복음 5:8)라고 고백하였으며, 바울은 자신이 *죄인들의 우두머리* (디모데전서 1:15)였었노라고 고백했습니다. 모든 사람들은 이 세상에 태어날 때 이미 죄인으로 태어납니다. 인간 누구나 할 것 없이, 자신이 저지른 모든 죄를 자신의 몸에 새겨진 것과 같은, 지워지지 않는 기록으로 남겨놓습니다. 이 기록을 지울 수 있는 것은 오직 하나 밖에 없는데, 그것은 바로 예수의 피입니다. 만일 당신이 지금까지 우리가 말한 고귀한 진리들에 대해 곰곰이 생각해보는 시간을 갖는다면, 영원하신 분께서 당신이 새로운 인생을 살도록 하실 것입니다.

왜 하나님께서는 당신에게 새 인생을 주실까요? 그 이유는, 당신의 죄가 당신과 하나님 사이를 갈라놓았었다는 사실을 당신이 깨달았기 때문이고, 당신을 죄와 죽음의 권세에서 해방시켜 하나님의 가족이 되도록 하기 위해, 그리스도가 본인의 생명을 내어 놓았기 때문이라는 사실을 알았기 때문입니다. 이러한 진리들이 이해가 되면, 성경이 말하는 진정한 회개가 당신에게서 나오게 됩니다.

* * *

하나님은 오늘도 당신 삶에 역사하고 계십니다. 성

경적인 바르고 참된 믿음이 당신의 심령에 채워지고, 주님의 기적 생명에 의해 당신이 변화된다면, 당신이 다음 장을 읽어나갈 때에, 평화와 만족을 경험하게 될 것입니다.

성경의 거룩한 글들에 따르면, 그리스도께서 부활하신 후, *40여일에 걸쳐, 살아있는 자신의 모습을 제자들에게 보이셨습니다.* (사도행전 1:3) 이러한 사실은, 예언자들이 성경에 예언한 대로, 하나님께서 죽은 예수를 분명히 다시 살리셨다는 것을 의미합니다.

제 17 장
신뢰할 만한 진리 수용하기

만일 당신의 죄를 인식하였고, 예수가 당신이 저지른 죄 값을 이미 갚았다는 사실을 깨달았고, 당신이 범한 죄를 대하는 당신의 태도가 변했다면, 죄를 숨기거나 최소화하려는 시도를 중단하고, 생각나는 모든 죄들을 하나님께 고백하십시오. 그렇게만 하면, 당신이 저지른 죄의 기록이 완전히 지워지게 되고, 당신은 하나님보시기에 깨끗한 사람이 됩니다.

이와 관련하여 성경은 다음과 같이 말하고 있습니다.

죄를 숨기는 자는 번영하지 못한다. 그러나 누구든지 죄를 고백한 후 버리는 자는 자비를 받게 된다. (잠언 28:13)

만일 우리가 우리의 죄를 고백하면, 하나님은 신실하시고 의로우셔서, 우리의 죄를 용서하여주시고, 모든 불의에서 우리를 깨끗하게 씻어주신다. (요한일서 1:9)

우리는 자신의 죄 및 죄로 인한 결과를 직시 할 수 있어야하고, 자신의 심령 속에 감추어진 죄가 없는지에 대해 수시로 점검하며 살아가야합니다.

죄의 심각성을 깨달아야한다는 말과 자신의 마음이 깨끗한지를 점거해야 한다는 말은 자신이 저지를 죄에 대한 불명예를 계속 안고 살아가라는 말이 아니라, 자신이 죄인이라는 사실을 깨달았다면, 예수의 죽음으로 인해 자신의 과거 죄 기록이 영원히 없어졌다는 사실을 믿고 다시는 죄를 짓지 말고 홀가분하게 살아가라는 말입니다. 성경이 말하고 있는 죄에 대한 이와 같은 진리를 수용하고, 죄를 회개해야만, 섭리자 하나님의 기적 생명을 받아서 변화된 삶을 살 수 있습니다.

우리가 일단 하나님께 우리의 죄를 겸손한 마음으로 고백하면, 우리는 정죄 받지 않고 살 수 있게 됩니다. 우리는 성경이 약속한 다음과 같은 말씀들이 우리에게 적용되었다는 것에 대한 믿음을 확고히 가지고 살아야합니다: *하나님의 아들 예수 그리스도의 피가 우리가 저지른 모든 죄에서 우리를 깨끗하게 해준다.* (요한일서 1:7) *너희의 죄와 허물이 너희와 너희 하나님의 사이를 갈라 놓았다.* (이사야 59:2) *너희의 죄와 허물이 동이 서에서 먼 것처럼 너희에게서 멀리 옮겨졌다.* (시편 103:12)

하나님께서는, *나는 너희의 죄와 허물을 더 이상 기억하지 않는다. 죄 사함이 있는 곳에는 더 이상 죄로 인한 희생 제사가 없다.* (히브리서 10:17-18)고 말씀하셨습니다.

성경의 인물 사도 바울은, *예수 그리스도 안에서 그분의 피로 인해, 하나님의 은혜의 부요함으로 인해, 우리가 저지른 죄에 대해 용서받았다* (에베소서 1:7)고 선언하였습니다.

사도 바울은 또한, *만일 너희가 입술로 예수를 주로 시인하고, 마음으로 하나님께서 예수를 죽음에서 일으키셨다는 것을 믿으면, 구원을 받게 된다.* **마음으로 믿어 의에 이른다,** [이것이 믿음입니다] 그리고 **입술의 고백으로 구원에 이른다** [이것은 믿음을 입술과 행동으로 표현하는 것입니다]. (로마서 10:9-10)라고 말하였습니다.

죄를 고백하는 것은 먼저 **하나님께 해야 합니다.** 그 다음으로, 믿음을 시인하는 것은 **사람들에게 해야 합니다.** 성경이 말하고 있는 구원받은 자 곧 기독교인이란 첫 번째는, 믿고, 두 번째는, 믿은 바를 말로 나타내고 행동으로 나타내는 사람입니다. 그리스도를 구원자로 받아들이는 것이 믿음입니다. 그리고 일단 믿었으면,

믿는 그분을 우리의 입술과 행동으로 사람들에게 보여주어야 합니다.

* * *

성경에 기록된 거룩한 글들에 따르면, 그리스도께서 부활하신 후, *40여일에 걸쳐, 살아있는 자신의 모습을 제자들에게 보이셨습니다.* (사도행전 1:3) 이러한 사실은, 예언자들이 성경에 예언한 대로, 하나님께서 죽은 예수를 분명히 다시 살리셨다는 것을 의미합니다.

사도 바울의 기록에 따르면, 그리스도께서는 죽음에서 다시 살아나신 후, *게바에게 나타나셨고, 그 다음에 12제자들에게 자신을 보이셨고, 그를 좇는 사람 500명에게 일시에 보이셨으며, 이후에는 야고보에게와 모든 사도들에게 보이셨다. 그리고 마지막으로 주님은 바울에게 보이셨다* (고린도전서 15:5-8) 고 말합니다.

그리스도의 부활 후 수세기에 걸쳐 기록된 문서들에는, 예수님이 사람들에게 나타나셨다는 보고들이 그 수를 다 헤아릴 수 없을 만큼 많이 기록되어져있습니다.

더군다나 우리는 이 책에, 예수께서 현대의 사람들에게 나타나신 것을 목격하고 경험한 체험담들을 실었습니다. 사도 바울은, *우리는 그분의 증인이다.* (사도행전 5:22)라고 하였습니다. 나는 사도 바울이 지칭하고 있는 증인들 중의 한명입니다. 주님은 나(티 엘 오스본)에게 나타나셨고, 나는 그분을 보았습니다. 그분의 모습은 너무도 놀라와, 나는 손가락과 발가락 하나 조차도 움직일 수 없었습니다. 내가 그분을 보는 순간 나의 눈에서는 눈물이 쏟아졌으나, 나는 그분을 보는데 정신이 팔려, 나는 내가 울고 있다는 사실 조차도 까맣게 잊고 있었습니다. 그때 그분이 나타나신 방에서 나올 때까지, 나는 그분의 발 앞에 새벽 6시부터 오후 2시까지, 무려 6시간을 엎드려 있었습니다.

내가 예수를 만나는 체험을 한 후, 우리는 백여 개의 나라들을 돌아다니면서 대형 집회를 열었는데, 우리가 연 모든 집회 때 마다 예수님이 나타나셨습니다. 매 집회 때마다 적어도 한번은 나타나셨고, 어떤 경우에는 여러 번에 걸쳐서, 여러 모습으로 나타나셨습니다.

동남아시아의 어느 불교 나라에서 우리가 가르치는 집회를 열었을 때에는, 한번의 집회에서 무려 백여 명의 사람이 예수를 보았다고 간증하였습니다. 이러한 경이적인 일들로 인해 우리 집회에 참석한 수많은 군중들은 기독교는 죽은 종교가 아니라는 사실과 그리스도는 오늘도 살아 계신 분이시란 사실을 확실히 깨달았습니다.

그리스도의 부활은 그분이 세계 모든 종교들의 창시자들과 구별되는 존재라는 사실을 확실하게 말해줍니다.

* **예수 그리스도께서 자신의 목숨을 기꺼이 버리심으로, 이 세상에 있는 사람들을 모두 다 사랑하시는 위대한 사랑을 보여주셨습니다.** 이 사실이 예수 그리스도만이 유일한 영적인 교사요 지도자라는 사실을 증명해 줍니다.
* **예수 그리스도께서 죽음에서 다시 살아나심으로 그분이 가르치셨던 것들이 진리임을 증명하셨습니다.** 이 사실이 예수 그리스도만이 유일한 영적인 교사요 지도자라는 사실을 증명해 줍니다.
* **예수 그리스도께서 자신의 입에서 나오는 말씀의 능력으로 기사와 기적 및 이적을 행하셨습니다.** 이 사실이 예수 그리스도만이 유일한 영적인 교사요 지도자라는 사실을 증명해 줍니다. 각 종 옛 종교들의 창시자들은 다 죽었습니다. 그들은 지금은 무덤 속에서 있기 때문에, 자신들이 가르쳤던 것들이 참 진리라는 것을 증명하지 못하였습니다. 그러나 예수께서는 무덤에서 살아나셨습니다.
* **하나님께서 예수 그리스도를 다시 살리셨고, 살아나신 그분은 지금도 살아계십니다.** 그러기에 그분

은 영원히 현재의 분이십니다. 이 사실도 예수 그리스도만이 유일한 영적인 교사요 지도자라는 사실을 증명해 줍니다.

* **예수 그리스도께서는 자신이 갖고 계신 하나님의 생명(Divine Life)을 그분을 따르고자 하는 모든 사람들에게 오늘도 나누어주십니다.** 이러한 사실이 예수 그리스도만이 유일한 영적인 교사요 지도자라는 사실을 증명해 줍니다. 이 세상 모든 종교들의 창시자들은 아무리 훌륭한 사람이라도 과거의 존재일 뿐입니다. 그들은 오래전에 죽었고, 지금은 존재하지 않습니다.
* **이 세상의 모든 종교들은 과거에 관심이 있습니다.** 그러나 하나님의 아들 하나님은 **현재에 살아 계시고 현재에 관심이 있으십니다.** 고로 *그분의 새 기적 생명은 지금 누구에게나 부어질 수 있습니다.*

유명한 영적 지도자, 영적 교사 및 종교의 창시자들 중에서 위에 적혀있는 일들을 할 수 있는 분은 예수 그리스도도 뿐이십니다. 그리스도가 부활하였다는 사실은 그 분이 이 세상 모든 존재들과 구별되는 분이시라는 사실을 증명하여 줍니다.

* * *

성경은, 그리스도께서 부활하신 후, 제자들에게, *너희들은 너희들 위에 임하는 성령으로 인해 능력을 받게 될 것이고, 그 결과... 땅 끝까지 가서, 나의 증인이 될 것이다* (사도행전 1:8)라고 말씀하셨습니다.

예수 그리스도를 좇아가는 사람은 누구나 할 것 없이, **그 분을 증거하는 사람**이 되어야합니다. 초창기 그리스도인들은 그리스도의 증인이 되고자 하는 열정을 갖고 살았습니다. 이러한 열정이 오늘날의 그리스도인에게도 있습니다. 이러한 열정이 그리스도인들로 하여금 사명감을 가지고 예수 그리스도에 관한 좋은 소식을 오늘도 전하게 하고 있습니다.

저명한 사도인 베드로는, *우리는 그의 증인이다.* (사도행전 5:32)라고 하였습니다. 성경에는, *초창기 신자들은 매일 성전과 집에서 예수 그리스도를 가르치고 전했다* (사도행전 5:42)는 기록이 있습니다.

죄를 **고백**하는 것은 그리스도인이 되기 위한 결정적인 요소입니다. *자신의 **죄를 하나님에게 고백**해야* 하나님의 기적 생명을 받게 됩니다. 그리고 그런 후에라야 비로소 우리는 우리의 **믿음을 다른 사람들에게 고백**할 수 있게 됩니다.

* * *

영원하신 하나님의 은혜가 부어지고 하나님의 임재가 나타나면, 우리가 알고 싶어 추구해왔던 진리들을 단번에 이해할 수 있습니다. 예수 그리스도에 관한 기초 진리를 당신이 받아들이면 당신의 삶에 심겨진 하나님의 씨가 싹이 납니다.

이제 당신은 거룩한 성경에 기록되어 있는 어떤 한 분에 관한 위대한 진리를 받아들일 준비가 다 되었습니다. 그분은, *나는 (유일한) 길이요, (유일한) 진리요, (유일한) 생명이다* (요한복음 14:6)라고 말씀하신 분입니다. 그 분의 이름은 예수 그리스도입니다.

지금은 당신이 창조주께서 주시는 새 생명 기적을 받아야 할 시간입니다. 이 장에 쓰인 기도를 따라 함으로, 성경이 말하고 있는 진리이신 주 예수 그리스도를 받아들이는 기도를 하나님께 드리십시오.

제 18 장
가장 위대한 기적

지금 당신은 이제까지 당신이 알지 못하고 지내왔던 영원하신 분이 당신을 사랑하시는 분이라는 사실을 깨달았습니다. 하나님의 말씀을 듣게 되면 될수록, 당신은 예수께서 우리의 죄를 탕감해주시기 위해 자기의 피를 흘리심으로 죽으셨다는 사실에 더 큰 확신을 갖게 됩니다.

당신이 성경의 옛 진리들을 수용하면, 위대한 기적이 당신 속에서 역사합니다. 이러한 진리들을 믿게 되면, 당신은 *그리스도 안에서 새로운 피조물* (고린도후서 5:17)로 재창조됩니다. 당신은 하나님의 강력한 기적 생명에 의해 깨닫고 변화됩니다.

거룩한 구원자 하나님이 주시는 기적 생명을 줄 수 있는 종교는 이 세상에 없습니다. 그리스도만이 *인간들을 죄에서 구원* (마태복음 1:21)하실 수 있는데, 그 이유는 그분만이 우리의 죄를 떠맡아, 인간 대신 죄인이 되어, 심판을 받으셨기 때문입니다.

* * *

진실한 마음으로 아래에 적혀있는 기도를 함으로, 당신은 성경이 말하고 있는 진리를 하나님께 입술로 고백합니다. 소리를 내어 다음과 같이 기도하십시오.

주 예수님, 당신께서 죄의 속박과 권세 아래서 나를 구하여 내시려고, 나의 죄 값을 당신이 치러주셨음을 나는 믿습니다.

나는 당신이 나의 대리자로 내 대신 죽으셨다는 사실과 나의 죄로 인한 심판을 당신이 담당하셨음을 믿습니다. 당신께서 나의 죄 값을 다 치르셨기에 나의 죄는 완전히 씻겨져 나갔음과, 그 결과 나에게는 더 이상 저주가 없다는 사실을 믿습니다.

내가 나의 죄로 인해 당신으로부터 분리되었음에도 불구하고, 당신은 나를 파괴자 사탄의 손아귀로부터 구해내시기 위해 죽으셨습니다. 당신의 희생적 죽음으로 인해, 이제 나에게는 죄가 남아있지 않습니다. 나는 하나님 보시기에 더 이상 죄인이 아닙니다. 당신이 나의 죄를 이미 청산하셨기 때문에 나에게는 죄로 인한 그 어떤 심판도 남아있지 않습니다. 나의 죄 기록들은 이미 없어졌습니다.

나의 모든 죄는 당신에게 옮겨졌고, 그 대신 당신의 모든 의로움은 나에게 옮겨왔습니다. 그러므로 나는 지금 하나님에게 다시 돌아갔습니다. 나는 구원받았습니다. 나는 이제 새로운 피조물입니다. 이제 나는 내 속에 예수 그리스도의 기적 생명을 갖고 있습니다.

나는 이 좋은 소식을 다른 사람들에게 전해주겠습니다. 내가 당신을 믿고 있다는 사실을 다른 사람들에게 말해줌으로, 다른 사람들이 당신을 알도록 하겠습니다.

당신은 많은 사람들이 보는 앞에서 당하는 십자가 처형을 당하시면서도, 나를 사랑하시기에 엄청난 수치심을 이겨내셨습니다. 이제부터 나는 다른 사람들에게 당신의 사랑을 전하는 것을 부끄러워하지 않겠습니다. 당신의 사랑을 전하는 대사의 일을 하는 것이 나에게 큰 영광입니다.

나는 지금부터 최선을 다해 당신을 따르겠습니다. 주님, 저를 구원해주셔서 감사합니다. 나는 지금 그리스도 안에서 새로운 피조물입니다. 아멘!

> **설사** 당신이 지금 마지막 숨을 쉬고 있고, 오늘이 이 세상에서의 마지막 날이라고 하더라도, 그리스도께서 십자가에 못 박혀 죽으심으로, 당신을 구원하는 일이 이미 성취되었다는 사실을 믿으십시오.

제 19 장
하나님 말씀 신뢰하기

하나님의 기적 생명을 받아들여 변화된 인생을 살아가기 위해서는 무엇보다 예수에 관한 성경의 진리들을 수용해야 합니다. 그분이 당신을 위해 무엇을 하였는지에 대한 성경의 기록은 당신을 위한 좋은 소식입니다. 그래서 사람들은 이 좋은 소식을 복음 또는 예수 그리스도의 복음이라고 부릅니다.

'믿음을 갖는다' 또는 '복음을 믿는다' 는 말은 무슨 뜻일까요? **믿음은 신뢰(trust)하고 받아들이는 것입니다.**

* 믿음은 예수 그리스도의 복음 및 그 분이 하신 것에 관한 기록을 *신뢰하고 받아들이는 것*입니다. 다른 말로하면, 믿음은 그분이 성취하신 일로 말미암아 당신이 구원받았다는 사실에 당신을 맡겨버리는 것입니다.

* 믿음은 당신이 범한 모든 죄와 조상들로부터 물려받은 모든 죄에 대한 대가를 그분이 대신 받아 고통당하셨다는 사실을 *신뢰하고 받아들이는 것입니다.* 그리스도는 당신을 무죄로 만들기 위해, *훔치고, 죽이고, 멸망시키기 위해 오는 도적* (요한복음 10:10)으로부터 당신을 건져내기 위해, 자신의 목숨으로 당신이 저지른 죄의 값을 치르셨습니다.
* 믿음은 그리스도가 완전하신 분이시고, 그분의 피는 죄 없는 피이기에, 그분이 나의 죄를 대신 할 수 있는 유일한 분이시고, 죄인을 심판을 받을 수 있는 자격을 갖고 있는 유일한 분이시라는 사실을 *신뢰하고 받아들이는 것입니다.*
* 믿음은 그분의 피는 당신의 죄를 씻어 없애는 능력을 갖고 있는 피라는 사실을 신뢰하고 받아들이는 것입니다.
* 믿음은 그리스도께서 당신의 죄를 속하기 위한 조치들을 이미 완전하게 끝내셨기 때문에, 죄를 면제받기 위한 우리의 그 어떤 행위도 필요 없게 되었다는 사실을 신뢰하고 받아들이는 것입니다. 우리는 이제 구원을 받기 위해 형벌을 받아야 할 필요가 없게 되었습니다. 구원을 받기위해 우리는 이제 그 어

떤 선한 일을 해야 할 필요가 없습니다. 그 어떤 제물이나 희생을 드려야할 필요가 없습니다. 그 어떤 고행을 하여야 할 필요가 없습니다.
* 믿음이란 구원에 관한한, 그분이 충분하게 이루어 놓으셨다는 사실을 *신뢰하고 받아들이는 것입니다.* 믿음은 예수가 해 놓은 것에 대한 성경의 기록을, 추호의 의심이 없이 *신뢰하고 받아들이는 것입니다.*

이제 당신은 복음을 알았고 또한 받아들였습니다. 당신이 죄인이라는 사실을 깨닫고 회개하였습니다. 자신이 죄인이라는 사실을 인정하였습니다. 이제 당신은 죄에서 돌아섰습니다. 당신은 믿음으로, 심령에 예수 그리스도를 받아들였습니다. 그리고 당신은 그분을 단순하게 신뢰하고, 따르는 삶을 살기로 결정하였습니다.

구원을 얻으려고, 어떤 행위를 한다거나, 희생물을 바치거나, 의식을 행하거나, 그 외 어떤 일들을 하려고 하지 마십시오. 그 대신 다음의 진리들을 *믿고 받아들이십시오.*
* 그분의 희생은 완전한 희생이라는 사실을 *신뢰하고 받아들이십시오.* 당신이 어떤 종교적 의식을 행한다

고 하여, 하나님께 가까이 갈 수 있게 되는 것은 절대로 아닙니다.
* 그리스도께서 당신이 저지른 죄에 대한 빚을 완전히 청산하셨음을 *믿고 받아들이십시오.*
* 당신을 죄에서 구해내기 위해, 그리고 당신에게 영향력을 행사하고 있는 사탄의 손아귀에서 당신을 되찾아 오기위해, 그분이 고통당하셨다는 사실을 *믿고 받아들이십시오.*
* 그분께서 당신의 죄에 대한 값을 충분하게 다 지불하셨다는 사실을 *믿고 받아들이십시오.* 당신의 헌신이나 헌납 및 당신의 선한 행위가 하나님의 당신을 향한 구원에 그 어떤 영향력을 행사 할 수 없습니다. 당신의 죄가 면제받는 것에 당신의 선한 행위들이 전혀 효력을 발휘하지 못합니다.
* 당신에게 계시된 하나님의 사랑과 당신을 구원하시고 구속하신 하나님의 은혜 (에베소서 2:8)를 *믿고 받아들이십시오.*
* 당신이 달렸어야할 십자가 형틀에 예수가 대신 달리심으로, 당신이 새 생명을 얻었다는 사실을 *믿고 받아들이십시오.* 그분이 구원에 관한 모든 것을 다 끝내셨습니다! (요한복음 19:30) 당신의 구원과 당신의

구속은 **실제**입니다. 단지 믿기만 하십시오! (마가복음 5:36; 요한복음 9:38; 11:27; 4:1, 10-11; 19:35; 20:31; 사도행전 8:37; 13:39; 16:31; 로마서 10:9-10)

* * *

설사 당신이 지금 마지막 숨을 쉬고 있고, 오늘이 세상에서의 마지막 날이라고 하더라도, 그리스도께서 십자가에 못 박혀 죽으심으로, 당신을 구원하는 일이 이미 성취되었다는 사실을 믿으십시오.

당신이 당신의 그 어떤 생각과 말과 행위를 보탬으로 당신의 구원을 더 멋지게 만들 수 있다고 생각하지 마십시오. 그 어떤 종교적 예식으로도, 그 어떤 면죄부로도, 그 어떤 성례전도, 그 외의 어떤 것으로라도, 이미 이루어 놓은 구원에 효과를 미칠 수 없습니다. 예수님께서 이천년 전에 이미 모든 인류를 다 구원하기에 충분한 죽음을 죽으셨습니다. 그분을 신뢰하면 구원받습니다. 이것을 성경은 믿음이라고 합니다.

만일 당신이 선한 행위와 헌금이나 예배 참석을 통해 구원을 받을 수 있다고 생각한다면, 그리고 고통이나 고행을 포함한 그 어떤 인간의 노력을 통해 구원을 쟁취할 수 있다고 믿고 있다면, 당신은 복음을 믿고 있는 것이 아니고 또한 십자가에서의 죽음을 통하여 그리스도께서 이루신 것을 받아들이는 것도 아닙니다.

당신의 이 땅에서의 삶이 끝나는 날, 당신은 하나님 앞에 서게 될 것입니다. 당신을 구원해주기 위해 자신의 아들을 희생하도록 하신 그 분 앞에서는, 당신이 행해온 종교의식과 당신이 믿었던 종교 신조들이 아무 효력을 발휘하지 못합니다. (이사야 64:6; 예레미야 2:22; 시편 49:6-15)

당신은 단지 그분이 당신이 죽어야 할 십자가에서 당신을 대신해서 죽으심으로 당신의 구원을 완성하셨다는 사실을 믿기만 하면 됩니다. 이와 관련하여 성경은 이렇게 언급하고 있습니다: *너희들은 그리스도 예수 안에 있는 죄 속함을 통해서, 하나님의 은혜로 인해, 값없이 의롭게 되었다. 하나님께서 예수를 사람들의 속죄 제물로 주셨다. 누구든지 그분의 피를 받으면 죄가 없어진다. 하나님께서 이렇게 하신 것은 [너희들의] 죄를 없이 함으로, 너희들에게 하나님의 의가 나타나도록 위함이다.* (로마서 3:24-25)

* * *

하나님의 거룩한 말씀을 통해, 그리스도를 신뢰하면 예수 그리스도의 의가 우리에게 주어진다는 사실을 알 수 있습니다. (고린도전서 1:30; 고린도후서 5:21) 거룩한 책 성경은 이렇게 말하고 있습니다: *누구든지 자신의 선한 행동을 믿지 않고, 불의한 자를 의롭다하시는 하나님을 믿으면, 하나님께서는 그 사람의 믿음을 보시고, 그 사람을 의롭다고 하신다.* (로마서 4:5; 히브리서 9:12, 14; 10:19-22)

성경의 현대판 번역인 리빙 바이블은 다음과 같이 말합니다: *하나님께서는 죄 없는 그리스도를 택하여서, 우리의 죄를 그에게 돌리셨다. 이를 통해 하나님께서는 우리에게 하나님의 선하심을 부어주셨다.* (고린도후서 5:21)

당신이 복음을 받아들였다면, 하나님이 당신을 보실 때, 당신 속에 있는 하나님의 아들의 생명과 의만 보십니다. 당신이 이 사실을 곰곰이 생각하는 동안, 당신의 안정감은 증대되고 마음에 깊은 평화가 자리 잡게 될 것입니다. 당신은 그분께서 당신의 구원을 위한 모든 것을 충분하게 이루어 놓으셨다는 사실을 믿어야합니다. 이러한 사실을 믿는 것이 바로 성경이 말하고 있는 **믿음입니다.**

성경은, *주 예수 그리스도를 믿어라, 그러면 너희가 구원을 받게 될 것이다.* (사도행전 16:31)라고 선포하고 있습니다. 사도 바울은, 그 어떤 인간도 자신의 선한 행위로는 천국을 갈 수 없다. 구원은 선물이다. 만일 선한 행동을 하였기에 구원이라는 선물을 받는다면, 그것은 더 이상 선물이 아니다... 하나님께서는, 그리스도가 자기를 구원해주셨다는 사실을 믿는 사람은 그 어떤 죄를 지었는지를 불문하고 의롭다고 하신다. (로마서 4:4-5; 리빙 바이블)

당신이 이 땅에 태어나기 훨씬 전에, 당신의 아버지이신 창조주 하나님께서는 당신이 어느 날짜에 이 세상에 태어나게 될 지를 이미 알고 계셨습니다. 그분은 당신이 이 어둡고, 혼돈스럽고, 고통과 불의가 있는 세상에서 살게 될 것을 미리 알고 계셨습니다. 그분은 당신이 하나님을 모르고 살았고, 그러기에 당신이 인생의 의미를 발견하기 위해 여러 가지 것들을 추구하며 살았고, 심지어는 다른 영(신)들을 섬기며 살았다는 사실도 알고 계십니다. 당신이 태어나기 훨씬 전에, 하나님께서는 당신을 사랑하고 계셨습니다. 하나님과 멀리 떨어져서 살아가고 있는 당신을 위해, 길 잃은 어린아이가 다시 부모에게 돌아오는 것처럼, 당신이 하나님께 다시 돌아오도록 하기 위해, 그분께서는 당신이 하나님께 갈 수 있는 한 길을 예비해 두셨습니다.

당신이 이 책에 기록된 진리들을 수용한다면, 당신이 당신의 하늘 아버지가 주시는 사랑과 생명을 받아들인다면, 다른 말로하면, 여기에 기록된 지침들을 당신이 따르기로 결정하면, 당신은 하나님의 기적 생명을 즉시로 받게 됩니다. 오늘은 바로, 당신을 아시고, 당신을 사랑하시고, 당신을 받아들여주시고, 자신을 당신에게 주신 영원하신 그 분과 당신이 하나가 되는 날입니다.

성경의 인물 사도 바울은 당신이 그리스도를 받아들이기만 하면, 당신의 *옛 것들은 지나가고 모든 것들이 새것이 된다.* (고린도후서 5:17)고 하였습니다. 지금 당신은 하나님 왕국의 가족의 일원이 되었기에, 죄와 저주가 가져다주는 억압에서 영원히 자유하게 되었습니다. 당신은 지금 새 기적 생명을 가지고 있습니다.

제 20 장
변 화

지금 당신은 믿음으로 예수 그리스도를 당신의 삶 안으로 모셔 들였습니다. 그랬기에 엄청난 변화가 지금 당신 속에서 일어나고 있습니다. 그분은 당신에게 *하나님의 자녀가 되는* (요한복음 1:12) 기적 능력을 주셨습니다.

성경의 인물 사도 바울은 당신이 그리스도를 받아들이면, *옛 것들은 지나가고 모든 것들이 새것이 된다* (고린도후서 5:17)고 하였습니다.

당신의 인생은 하나님의 기적 생명으로 인해 변화되었습니다. 당신이 그분을 받아들이면, 그분은 당신을 받아들여서, 당신 속으로 들어오십니다. 그분이 당신 속으로 들어오시면, 당신은 그분의 생명을 받게 되는 것이고, 그분은 당신 속에서 거하시며 당신과 함께 지내게 되는 것입니다. 즉 당신은 그분의 생명을 받았

기에, 그분은 *당신 속에 거하시게 되었습니다.* (요한복음 14:23)

지금 당신은 하나님 왕국의 가족의 일원이 되었기에, 죄와 저주가 주는 억압에서 자유하게 되었습니다. 성경은 다음과 같이 말하고 있습니다: *예수 그리스도의 피가 우리를 모든 죄에서 깨끗하게 합니다.* (요한일서 1:17) 사도 바울은, *만일 그리스도가 너희 속에 계시면, 몸은 죄로 인해 죽은 것이지만, 영은 의로 인하여 산 것이다.* (로마서 8:10)고 선언하였습니다.

당신은 죄를 용서받아 깨끗하게 되었을 뿐 아니라, 당신을 잡고 있었던 죄의 지배에서 풀려났습니다. 예수 그리스도는, *만일 아들(예수)이 너를 자유하게하면, 너는 참으로 자유하게 된다* (요한복음 8:36)고 하셨고, 사도 바울은, *예수 그리스도 안에 있는 생명의 성령의 법이 너희들을 죄와 죽음의 법에서 해방시켰다.* (로마서 8:2) *너희들이 과거에는 죄의 종이었으나... 이제는 죄에서 풀려나서, 의의 종이 되었다.* (로마서 6:17-18)라고 선포하였습니다.

사도 바울은 또한 이렇게 말하였습니다: *죄에 대해 죽은 우리가 어찌 죄안에서 살 수 있겠는가?* (로마서 8:2) *우리의 옛 사람 [또는 본성]이 예수 그리스도와 함께 십*

자가에 못 박혔으니, 우리는 이제 더 이상 죄를 섬기지 않는다. (로마서 6:6) 그는 또한 다음과 같이 조언하였습니다: *너희 자신을 죄에 대하여 죽은 자로 여겨라.* (로마서 6:11) [그러면] *죄가 다시 너희를 다스리지 못한다.* (로마서 6:14)

사도 요한은, *하나님으로부터 난 사람은 누구든지 세상을 이기고* (요한일서 5:4), *죄를 짓지 않는다.* (요한일서 3:8-9) *죄를 짓지 않고 살면 악한 존재가 너희들을 건드리지 못한다.* (요한일서 5:18)

* * *

이러한 변화는 복음을 믿고 예수 그리스도를 믿음으로 받아들이고 그분을 따라가는 삶을 살기로 결정할 때 나타나는 영적인 갱신입니다.

당신이 새 기적 생명의 삶을 산다는 것은 다음의 것들을 의미합니다.

* 당신이 하나님의 자녀가 되었습니다. (요한복음 1:12)
* 당신이 정욕과 욕망과 함께 자기의 육체를 십자가에 못 박았습니다. (갈 5:24)
* 당신의 죄가 지워졌습니다. (사도행전 3:19)
* 당신의 죄가 씻겨져서, 거룩하고 의롭게 되었습니다. (고린도전서 6:9-11; 요한계시록 1:5)

* 당신이 어두움에서 나와 빛으로 들어갔습니다; 사단의 권세에서 나와서 하나님의 권세 안으로 들어갔습니다. (사도행전 26:18; 골로새서 1:13)
* 당신이 온전히 지킬 수 없었던 종교가 짐지어주는 옛 율법과 법령들이 예수 그리스도와 함께 십자가에 못 박혔습니다. (골로새서 2:14)
* 당신이 풍성한 새 생명을 얻었습니다. (요한복음 10:10; 요한일서 5:12)
* 당신은 완전한 구원을 받았습니다. (로마서 1:16; 데살로니가후서 2:13)
* 당신은 의와 거룩함으로 재창조되었습니다. (에베소서 4:24)
* 당신이 그리스도 예수 안에서 새로운 피조물이 되었습니다. (고린도후서 5:17)
* 당신은 빛의 자녀이지, 어두움의 자녀가 아닙니다. (에베소서 5:8)
* 당신은 예수의 피로 인하여 죄 용서 받고, 죄 값 치루는 것을 면제받았습니다. (에베소서 1:7)
* 당신은 현재 그리스도의 대사입니다. (고린도후서 5:20)
* 당신은 하나님이 뽑으신 자, 그분이 선택하신 자입니다. 그리고 당신은 썩어지지 않는 유산을 받았습

니다. 당신은 축복과 풍성한 삶을 연속적으로 누리며 살 수 있습니다. (베드로전서 1:2-4)
* 그리스도의 지혜, 의, 성화 및 구속이 당신 속에 들어가 자리 잡고 있습니다. (고린도전서 1:30)
* 당신은 그리스도에게 모든 부요를 받았고, 그 대신 그분께 당신의 가난을 건네주었습니다. (고린도후서 8:9)
* 그분은 당신과 항상 함께 계십니다. (마태복음 28:20) 그리고 그리스도는 당신 속에 들어가셔서 살고 계시고, 당신이 길을 걸어갈 때, 당신과 함께 가십니다. (고린도후서 6:16)

이것이 하나님이 당신에게 주신 기적의 생명입니다.

창조주이신 사랑하시는 아버지와 연합할 때, 내면이 빛나는 경험을 하게 되는데, 이때는 내면에서부터 억누를 수 없는 기쁨이 솟구쳐 오릅니다. 위의 남자와 아래의 여자가 티 엘 오스본과 라도나 오스본을 각각 포옹하며, 하나님께 감사해하고 있습니다. 그들은 방금 전에 하나님의 아들과 딸이 되었기에, 왕이신 그분의 가족이 되었기에, 하나님의 공동체에 속할 수 있게 되었기에, 그리고 하나님이 그들에게 주신 인생의 목적을 깨닫고 살아갈 수 있게 되었기에, 크게 기뻐하고 있습니다.

성경이 말하고 있는 진리를 받아들이면, 당신은 하나님의 자녀가 된다 (요한복음 1:12)는 사실과 그분이 자기의 신적 본성을 당신에게 주셨다 (베드로전서 1:4)는 사실 및 그분이 당신 안에 사시기 위해 오셨다 (요한복음 14:23)는 사실을 알 수 있게 됩니다.

제 21 장
드러난 신비

성경에 기록된 창조주 하나님의 기적 생명에 의해 변화 받은 사람들은 다음과 같은 공통점을 갖고 있습니다. 1) 죄로 인해 하나님으로부터 분리되어 살다가 하나님께로 가까이 갔습니다. 2) 예수께서 파괴자 사탄의 권세로부터 그 사람을 구속하시기 위해 피를 흘려주셨다는 사실을 믿었습니다. 3) 믿음으로 예수 그리스도를 자기의 구원자와 주로 받아들였습니다. 4) 다른 사람 앞에서 예수 그리스도가 자신 삶의 주와 선생이 된다는 사실을 고백하였습니다. 5) 자신의 생각과 말과 행동으로 하나님을 기쁘게 하려고 애썼습니다.

이 책을 여기까지 읽어 온 당신은 현재까지 다음과 같은 것들을 하였습니다. 당신을 창조하신 하나님이 주시는 기적 생명의 삶을 살기로 결정하고, 그 기적 생명을 받아들였습니다. 이 결정은 당신이 이때까지 한 여러 결정들 중에서 최고로 중요한 결정입니다.

당신은 죄로 인해 하나님과 분리되어 살아왔었다는 사실을 깨닫고, 하나님께로 가까이 나갔습니다. 당신은 죄에는 심판이 따른다는 사실을 알게 되었고 또한 그리스도께서 당신의 죄를 떠맡기 위해 당신이 받아야 할 심판을 대신 받아 고통을 당하셨다는 사실을 깨달았습니다.

당신은 예수가 *당신을 대신한 대리자가 되어* (베드로전서 2:24), 당신의 죄에 대한 형벌을 받으셨다는 사실을 이해하였습니다. 이제 당신은 당신의 형벌 값을 그리스도께서 갚아 주셨기 때문에, 당신은 당신의 죄 값을 면제받았고, 당신의 죄들이 모두 씻겨져 나갔다(히브리서 1:3)는 사실을 알았습니다.

당신은 당신의 죄에 대한 대가를 예수께서 담당하셨다는 사실을 다른 사람들에게 고백하기로 결정하였습니다. 그리고 그분을 당신 삶의 주인으로 또한 선생으로 받아들이기로 결정하였습니다.

성경의 말씀이 신뢰할만한 권위를 갖고 있다는 것을 받아들임으로, 당신이 *하나님의 자녀* (요한복음 1:12)가 되었다는 사실과 그분께서 당신에게 그분의 신적 본성 (베드로후서 1:4)들을 부어주셨다는 사실 즉 *그분이 당신*

속에 들어와 거하신다 (요한복음 14:23)는 사실을 알게 되었습니다.

성경은 사람들이 이러한 것을 알고 경험하게 되는 것은 이미 드러난 최고의 비밀이라고 하였습니다. 그러기에 사도 바울은, *이 비밀은 옛날부터 여러 세대들을 지나오면서 비밀로 남아있었지만, 그러나 이제는 이 비밀이 그분의 백성들에게 밝히 드러났다*(골로새서 1:26)고 하였습니다. 바울은 다시 태어나는 이와 같은 놀라운 경험을, **그리스도가 너희 안에 계신다** (골로새서 1:27)는 간결한 말로 표현하였습니다.

한편 예수님께서는, *나를 사랑하는 사람들은 나의 말을 지킬 것이고, 나의 아버지는 그들을 사랑할 것이며, 우리는 그들에게 와서 그들과 함께 거할 것이다* (요한복음 14:23)라고 말씀하셨습니다.

이를 사도 바울은, **그리스도께서 내 안에서 사신다** (갈라디아서 2:20)라고 표현하였고, 성경의 다른 곳에서는, *우리가 그리스도를 믿고 심령으로 그 분을 받아들이면, 그분이 거하시는 곳이 바로 우리가 된다.* (에베소서 2:22)고 표현하였습니다. 그리고 그는 이러한 것을 다음과 같이 표현하기도 하였습니다: 만일 **그리스도께서 너희 안에 계시면...** *예수를 죽음에서 살리신 그분*

드러난 신비 225

*의 성령이 **너희 속에서 사는 것이다.*** (로마서 8:11)

* * *

이제 나는 당신에게 다음의 것들을 제안합니다.

(a) 시간을 내어 조용한 장소로 가서, 진지한 태도와 하나님을 경외하는 마음을 갖고 위에 기록된 진리들을 묵상하십시오.

(b) 하나님께서 당신을 도와주시고 인도해주시도록 하나님께 기도하십시오. 그러면 하나님의 성령이 당신에게 임하셔서, 당신의 삶의 모든 분야에 도움을 주실 것입니다. (요한복음 14:26; 요한일서 2:27)

(c) 당신이 배운 진리들에 대해 하나씩 찬찬히 생각해 보고, 각 각의 진리를 이해한 후, 이해가 되었으면 받아들이도록 하십시오.

(d) 당신이 이러한 진리들을 묵상할 때에, 당신의 죄가 용서받았고, 당신은 하나님의 기적 생명을 받았고, 당신은 이제 과거와는 전혀 다른 삶을 살게 될 것이라는 사실을 어린아이와 같은 단순한 믿음으로 받아들이십시오.

세상의 종교들은 헛되이 하나님의 존재를 찾아왔고 인생의 의미를 찾아 왔습니다. 창조주가 사람들을 사랑하는 실재는 그분이 그의 진리를 신뢰하는 사람들에게 지금 주시는 새로운 기적의 생명을 통해서 나타나게 됩니다. 그분은 우리에게 있는 죄책감을 가져가시고, 그 대신 우리에게 평화를 주십니다. 그분은 우리에게 노예적인 삶 대신에 관계적인 삶을 주십니다. 그분은 우리에게서 영적인 죽음을 가져가시고, 그 대신 하나님의 생명을 주십니다.

하나님께서는 당신을 사회적인 존재로 창조하셨습니다. 우리는 서로를 필요로 합니다. 교회는 예수께서 세우셨습니다. 교회에서 사람들은 교제하고, 한 마음을 이루게 되고, 서로의 유익을 위해 결속하게 되고, 서로에게 용기와 기쁨을 주며 성장하게 됩니다. 교회에서의 교제를 통해 서로 깨우치게 되고, 서로를 섬김으로 영적 성장이 일어나게 됩니다.

제 22 장
기적 생명 시작하기

당신은 하나님의 기적 생명을 받아 살아가는 삶을 살기를 시작하는 사람으로서, 매일 옛 성경이 말한 바를 믿으며 살아나가는 것을 배우게 될 것입니다. 성경은 당신이 믿는 것(믿음)과 새롭게 살아가는 것(새 생명)을 지속해 나갈 수 있도록 지침을 주는 책입니다.

주님께서 당신 속에서 살기 위해 당신 안에 들어오셨습니다. 그분께서 말씀하신 다음과 같은 말씀을 기억하고 살아가십시오: *네가 나를 사랑한다면, 너는 내 말을 지킬 것이다. 그러면 나의 아버지께서 너를 사랑하시고, 우리는 너에게로 와서, 너 속에서 너와 함께 살 것이다.* (요한복음 14:23)

그분이 주시는 그분의 기적 생명은 인간이 하나님으로부터 받을 수 있는 최대의 선물입니다.

만일 당신이 받은 구원에 대해 의심이 든다면, 지체

하지 말고 이 책을 다시 읽어보십시오. 그리고 이 책에 기록된 성경 말씀들을 음미해보십시오. 그래서 당신의 생각에 의구심이 생기지 못하도록 하십시오.

당신은 하나님이 주신 생명을 소유한 삶의 여정을 이제 막 시작하였습니다. 이제 당신은 과거의 삶과는 다른 새 생명을 소유한 삶에 맞는 습관이 생기게 될 것이고, 새로운 것들을 접하고 경험하게 될 것이고, 새로운 열망을 갖고 매일을 살아가게 될 것입니다.

당신은 주님으로부터 받은 생명과 동일 한 생명을 갖고 있는 사람들을 사귀게 될 것이고, 그들과 함께 서로가 간직하고 있는 기쁨을 나누게 될 것입니다. 그리고 당신에게 이처럼 귀한 새 *생명이란 선물* (로마서 6:23)을 주신 하나님께 감사하게 될 것입니다. 당신은 또한 당신의 새 믿음을 사람들에게 전하게 됨으로, 복음이 세상 각처로 퍼져나가는데 일조를 하게 될 것입니다.

당신은 하나님의 사랑을 다른 사람들에게 전하고 싶은 열망으로 가득 차게 될 것입니다. ***당신은 다른 사람을 사랑하는 것이 곧 하나님을 사랑하는 것이라는 사실과 사람들을 섬기는 것이 하나님을 섬기는 것이라는 사실 및 사람들을 높여주지 않고서는 하나님을 높이는 삶을 살 수 없다는 사실을 알게 될 것입니다.***

당신의 삶에 새로운 꿈, 새로운 개념, 새로운 가치관, 새로운 친구들, 새로운 습관 및 새로운 관계들을 갖게 되는 일들이 일어나게 될 것입니다. 그렇다면 새로이 받은 이 좋은 것들을 어떻게 발전시켜 나갈 수 있는지에 대해 말해보겠습니다.

예수 그리스도를 믿고 있는 사람들과 사귀십시오. *교회라는 단어는 성경에 나오는 단어입니다. 어느 나라에서든, 죄로부터 구원함을 받은 사람들, 예수 그리스도를 모시고 따르기로 결정한 사람들, 그분이 가르치신 것을 거룩한 진리로 믿는 사람들, 자기들의 죄를 없애기 위해 예수께서 십자가에서 죽으셨다는 사실을 믿는 사람들, 그분을 받아들여 그분이 구원자요 주이심을 고백하는 사람들이 모여, 몸을 이루고 있는 것이 교회입니다.*

예수님께서는, *내가 이 바위 위에 나의 교회를 세울 것인데, 지옥의 문들은 교회를 이기지 못할 것이다* (마태복음 16:18)라고 하셨습니다. 여기서 예수님께서 언급하신 '바위'는 바로 *그분이 그리스도이시며 살아계신 하나님의 아들* (마태복음 16:16)이라는 사실을 믿는 것을 지칭합니다.

영원하신 분이 주시는 기적 생명을 받은 사람들에게

는 자신이 받은 기적 생명을 다른 사람들에게 전해주고자 하는 마음의 소원이 생겨나게 되고 그 기적 생명을 전해주며 사는 것이 인생의 목적이게 됩니다. 이에 관해 성경은, *그리스도 예수 안에 있는 그분의 은혜에 따라, 그리고 너희를 향한 그분의 목적에 따라, 너희를 구원하신 분이 너희를 **거룩한 부르심**으로 부르셨다* (디모데후서 1:9)고 말하고 있습니다.

그리스도를 믿는 사람들, 즉 *어두움에서 나와 그분의 놀라운 빛으로 들어간* (베드로전서 2:9) 당신과 같은 사람들을 찾아 만나십시오. 그 사람들은 당신에게 큰 용기를 주게 될 것이고 또한 당신이 하나님의 빛을 깨닫는데 많은 도움을 주게 될 것입니다. 그 사람들과 시간을 보내다보면, 그들과 함께 교제하는 것이 여러 면에서 당신에게 도움이 된다는 사실을 곧 깨닫게 될 것입니다.

하나님께서는 당신을 사회적인 존재로 창조하셨습니다. 우리는 서로를 필요로 합니다. 교회는 예수께서 세우셨습니다. 교회를 통해 교제하고, 한 마음을 이루게 되고, 서로의 유익을 위해 결속하게 되고, 서로에게 용기와 기쁨을 주며 성장하게 됩니다. 교회에서의 교제를 통해 서로 깨우치게 되고, 서로를 섬기게 되며, 이를 통해 영적 성장이 일어나게 됩니다.

어떤 옛 선지자는, *어두움 속에 앉아 있는 사람들과 죽음의 그림자 속에 갇혀 있는 사람들에게 빛을 주시고, 그들의 발이 평화의 길을 갈 수 있도록 하기 위해* (누가복음 1:79) 예수 그리스도께서 이 세상에 오셨다고 말하였습니다.

하나님의 아들인 예수님께서는 다음과 같은 중요한 말씀을 하셨습니다: *나는 이 세상의 빛이다. 누구든지 나를 따르는 자는 어두움 속에 다니지 않게 되고, **생명의 빛**을 갖게 될 것이다.* (요한복음 8:13) 예수님이 말씀하신 생명의 빛은 오직 하나님의 기적 생명을 받을 때에만 주어지는 빛입니다.

사도 바울은 다음과 같이 말하였습니다: *그리스도의 영광스런 복음의 빛이 너희에게 비추어졌다.* (고린도후서 4:4) *어둠 속에서 빛이 비쳐라 라고 명령하신 하나님께서 예수 그리스도의 얼굴에 있는 하나님의 영광을 아는 지식의 빛을 너희 마음 안에 비추셨다.* (고린도후서 4:6)

빛과 관련하여, 예수님께서 자기를 따르는 사람들에게 다음과 같이 말씀하셨습니다: *너희들은 세상의 빛이다... 너희의 빛이 다른 사람들에게 비춰져서, 그들이 너희의 착한 행위를 보고 하늘에 계신 너희의 아버지에게 영광을 돌리게 하여라.* (마태복음 5:14, 16)

당신이 거룩한 옛 성경에 기록된 진리들을 받아들이게 되면, 진리에 대한 참된 자각을 주는 빛이 당신의 삶에 비추어지게 됩니다.

이와 관련하여 바울은, *예수 그리스도께서 죽음을 폐하시고, 복음을 통해 생명과 죽지 아니하는 빛을 주셨다* (디모데후서 1:10)고 말하였고, *우리 모두는 빛의 자녀들이다.* (데살로니가전서 5:5)라고 하였습니다.

* * *

그리스도를 믿는 신자들은 서로 간의 교제를 통해 자신들의 영적 삶이 크게 성숙합니다. 서로에게 믿음이 증가하도록 용기를 북돋아주고, 서로의 경험들을 나누어 줄 때, 마음에 기쁨이 증가하고 힘이 생깁니다.

전 세계에 흩어져 사는 수없이 많은 그리스도인들은 기도 모임과 성경 공부 모임들을 만들어, 자신들의 영적 삶을 발전시켜나가고 있습니다. 전 세계적으로 볼 때, 이러한 정기적인 기도와 성경 공부 모임이 없는 나라는 거의 없습니다. 심지어 기독교가 금지된 나라에서조차 그리스도를 믿는 사람들은 성경 공부 모임을 비밀리에 만들고, 이를 통해 자신들의 믿음을 다른 사람들에게 전하고 있습니다.

만일 당신이 그 어떤 이유로 성경 공부 모임에 참석

할 수 없다면, 혼자서라도 예수님의 가르침을 공부하십시오. 당신 속에 거하시는 살아계신 성령 하나님께서 당신의 교사가 되어 성경을 가르쳐주실 것입니다. (요한복음 14:26; 요한일서 2:27) 그리스도께서 마음속에 사시도록 허락한 사람은 기적을 경험하게 됩니다. 고로 그런 사람은 전진하는 삶, 하나님이 주신 인생의 목적을 이루어가는 삶을 살게 됩니다.

당신 주위에는 참 진리를 찾고자 하는 사람들이 분명히 있을 것입니다. 당신은 당신의 삶을 통해 그들이 영향을 받을 수 있도록 하기위해, 그런 사람들을 모으십시오. 영원하신 하나님의 놀라운 사랑에 관한 좋은 소식을 알아야만 하는 사람들이 당신 주위에 분명히 많이 있습니다.

평화와 기쁨과 사랑을 갖고 살아가는 당신을 보고, 도대체 당신에게 무슨 일이 일어났는지 물어보는 사람들이 있더라도 놀라지 마십시오. 그들은 당신 속에 살아계신 그리스도를 보고 당신에게 오는 사람들입니다. 그들이 당신에게 물어보거나 찾아오면, 당신 속에 계신 바로 그분을 그들이 발견할 수 있도록 도와주십시오.

기도와 성경 공부 모임은 사람들이 모여서 서로 교제하고 나눌 수 있는 장소라면 어디라도 괜찮습니다. 일터

이건, 놀이터이건 상관이 없습니다. 사무실에서 모일 수도 있고, 아니면 집에서 모일 수도 있으며, 어떤 경우에는 운동 팀이나 그 어떤 종류의 동아리를 만들어 모일 수도 있습니다. 모이는 장소는 아파트 빌딩이어도, 마을 회관이어도 또는 공공장소이어도 상관이 없습니다.

이러한 모임에 참석하는 횟수가 늘어남에 따라, 당신은 다른 신자들과의 관계가 돈독해지고, 당신의 지도력이 증가됩니다. 또한 모임을 통해 만난 영적인 지도자들을 통해 당신의 비전이 구체화되는 일이 일어납니다.

사도 바울은, *어떻게 해야 서로를 사랑하고, 상대방이 선을 행할 수 있도록 격려해 줄 수 있을까를 생각하라. 모이는 것을 중지하지 말라.* (히브리서 10:24-25)고 하였습니다.

오늘날, 하나님의 기적 생명을 받아들여 변화된 삶을 살아가고 있는 사람들이 세계도처에서 살고 있습니다. 기적 생명을 새로 받아들인 사람들은 좋은 교회에 소속해서 다른 사람들과 같이 성경을 공부하고 기도해야 합니다. 이것은 매우 중요한데, 그 이유는 그렇게 함으로 다른 신자들과 하나가 되고, 믿음이 자라나기 때문입니다.

그리스도를 따르는 사람들은 교제를 위해, 기도와 성

경 토론을 위해, 그리고 서로 서로에게 용기를 북돋아 주고 믿음을 세워주기 위해, 반드시 함께 모여야 합니다. 그리스도인들은 성경 공부 모임을 통해 옛 성경의 거룩한 내용들을 살펴나감으로, 생명에 관한 더 깊은 이해에 도달하게 되고, *"나는 이 세상의 빛이다"* (요한복음 8:12; 9:5)라고 말씀하신 예수 그리스도에 관해 더 깊이 이해하게 됩니다.

기독교가 금지되어있지 않은 나라에서, 주님을 따르는 사람들이 자유롭게 모여 하나님을 경배하는 것은 정말로 큰 특권입니다. 믿는 자들의 모임에서 신자들은 자신의 삶을 통해 나타나신 하나님에 대해 간증하고, 믿음을 서로 나누고, 서로가 서로에게 사역해주고, 하나님을 함께 경배하는 등의 여러 방법을 통해 서로에게 유익을 끼칠 수 있습니다.

교회란 하나님의 가족입니다.

*교회*는 믿는 자들이 함께 기도하고 예배드리며, 하나님의 말씀을 배우고, 그분의 은혜 안에서 자라가고, 복음 전파 사역에 협조하고, 자신들의 믿음을 서로 나누고, 그리스도의 메시지를 나누는 곳입니다.

교회란 또한 믿는 자들이 서로를 지지해 주고 힘을 불어 넣어 주는 곳입니다. 그러기에 교회에 모인 신자들은 서로 간에 사역해주고 또한 사역을 받으며, 서로 가르치고 또한 배웁니다. 서로 서로 세워줌으로 교회는 자라나게 되는 것입니다.

그러므로 *교회*는 다음과 같은 곳이라고 말할 수 있습니다.

* 사람들이 모여 하나님의 크신 사랑과 자비를 베풀어 주신 하나님께 감사를 표하는 곳
* 서로를 세워주고 격려해주는 곳
* 사람들로부터 받은 상처가 치유되는 곳
* 깊고 지속적인 교제가 이루어지는 곳
* 결혼 관계가 시작되고, 부부관계가 치유되고 회복되는 곳
* 가족원들의 유대관계가 돈독해 지고 강화되는 곳
* 불안하게 살아가는 사람들이 와서, 마음의 평화를 얻고 삶의 힘을 얻는 곳
* 믿음이 돈독한 신자들의 기도를 통해 하나님의 축복을 받고, 믿음이 자라나는 곳
* 예수 그리스도를 주로 삼아 살아가는 방법을 배우는 곳
* 어떻게 해야 하나님의 뜻에 따라 살아갈 수 있는 지에 대해 배우는 곳

* 하나님이 주신 개인에 대한 삶의 목적을 알게 되고, 하나님이 주신 기쁨을 경험하게 되는 곳
* 사랑과 믿음이 자라나는 곳
* 하나님의 자녀로서 가져야 할 특권과 의무에 대해 배우는 곳
* 모두가 동일하게 귀한 존재라는 사실을 자각하는 곳
* 자신이 귀중한 존재라는 사실을 알아가는 곳

예수 그리스도의 교회는 왕이신 하나님의 가족원 – *믿음의 가족원*, *희망의 가족원*, *사랑의 가족원*, *생명을 소유한 가족원* (고린도전서 13:13) – 들이 모이는 곳입니다. 교회는 하나님의 신적 생명과 사랑으로 인해 변화받고, 거룩한 옛 성경의 가르침을 받아 진리에 대한 참 이해에 이른 전 세계의 사람들을 하나로 묶는 하나의 몸입니다.

* * *

주님을 믿고 따른다는 것은 이 세상을 살아가면서 그 어떤 문제나 어려움에 봉착하지 않는다는 것을 의미하지 않습니다. 예수를 믿어도 어려운 일은 겪게 마련입니다. 이 세상이 믿는 사람들을 유혹하여 그들의 믿음

을 시험합니다. 빌리 그래함 박사는, "마귀가 (예수를 믿는) 당신을 시험할 것이고, 그 시험을 통해, 예수님께서 당신을 테스트할 것입니다."라고 하였습니다.

저명한 사도 바울은, *속이고 싶은 욕망을 갖고 살아왔던 과거의 부패한 삶을 벗어버리고 살아라. 마음의 태도를 새롭게 하고 살아라. 의와 거룩함에서 하나님과 같은 형상으로 지음을 받은 새 사람을 입고 살아라.* (에베소서 4:22-24)라고 촉구하였습니다.

삶에서 문제가 발생하면, 성경에 기록된 다음 말씀을 기억하십시오: *그 어떤 시험도 당신을 완전히 정복하지는 못한다. 시험은 모든 사람들에게 수시로 있는 것이다. 하나님은 신실하셔서 우리가 견딜 수 없는 시험은 허락하지 않으신다. 우리가 시험을 당할 때, 하나님께서는 우리가 시험을 이길 수 있도록 하시고, 피할 길을 내주신다.* (고린도전서 10:13)

당신 안에 사시기 위해 당신에게 오신 거룩한 영이신 성령님은 당신에게 힘을 주어 대적을 이길 수 있도록 해주시고, 악과의 싸움에서 승리할 수 있도록 해주십니다.

당신 앞에는 그분으로부터 흘러넘치는 축복을 받아 사는, 황금 미래가 당신 앞에 펼쳐져있습니다. (우리가

저술한 "복된 인생" [THE GOOD LIFE]이라는 제목의 책을 읽어보십시오)

성경에 기록된, 존경받는 사도 바울은 우리가 주목할 만 한 중요한 충고를 다음과 같이 던졌습니다: *하나님의 자비하심으로 내가 너희에게 권하는 바는, 너희의 육체를 하나님이 기뻐하시는 거룩한 산제사로 드리라는 것이다. 이렇게 하는 것이 바로 너희가 드려야할 영적인 예배이다. 이제는 더 이상 세상 방식에 동화되지 말고, 너희의 마음을 새롭게 하여 변화 받아라. 그러면 하나님의 뜻은 선하고 기쁘고 온전하다는 사실을 너희가 증명할 수 있게 될 것이다.* (로마서 12:1-2)

당신의 대적이 당신을 유혹하고, 시험하고 고소할 때를 대비하여, 성경의 구절들을 외우십시오. 성경의 옛 시인 다윗은 하나님에게, *내가 당신에게 죄를 짓지 않기 위해, 당신의 말씀을 내 마음에 깊이 새겼습니다.* (시편 119:11)라고 하나님께 고백하였습니다.

당신이 과거에 지었던 죄를 회개하고 새 사람이 되어 주 예수를 따르려고 하면, 당신의 대적 사탄은 당신을 혼동하게 하고, 속이고, 낙망하게 하며, 또한 당신을 고소하고 유혹합니다. 왜 사탄이 당신에게 그렇게 할까요? 그 이유는 그리스도께서 당신 속에 들어오셨고, 그 결과 당신이 사탄의 영역에서 풀려나왔기 때문입니다. 사탄은 당신을 그의 악한 영향력 아래로 다시 집어넣기 위해 그토록 당신을 공격하는 것입니다.

이를 통해 당신은 사탄이 거짓말쟁이요, 당신을 고소하는 자라는 사실을 알게 될 것입니다. 예수님께서는 사탄에 대하여 다음과 같이 말씀하셨습니다: *사탄은 처음부터 살인자였다... 그리고 그에게는 진리가 없다. 그가 거짓말을 할 때, 자신의 것을 갖고 말하는데, 그 이유는 그는 거짓말쟁이고, 거짓의 아비이기 때문이다.* (요한복음 8:44)

당신이 믿음 안에서 성숙하게 되면, 당신이 마귀를 대적하면 마귀가 멀리 달아난다는 사실과 당신이 하나님께 가까이 가면 갈수록 하나님께서 당신에게 점점 가까이 다가오신다는 사실을 알게 됩니다. (야고보서 4:7-8)

사도 요한은 자신의 시대에 살았던 신자들에 관해 말하면서, *그들이 어린 **양의 피**와 그들이 증언하는 **말씀**으로 [대적을] 이겼다* (요한계시록 12:11)고 하였습니다. 어린 양의 피와 말씀은 마귀의 공격으로부터 당신을 지켜주는 두 가지 강력한 무기입니다.

당신이 마귀의 유혹을 받았을 경우 위의 성경 구절을 기억하고, 그 성경 구절로부터 다음의 두 가지 사실이 진리임을 받아들이십시오. 1) 예수 그리스도의 **피**로 인해 당신이 사탄의 지배로부터 자유하게 되었다. 2) 성경의 **말씀**이 당신이 구원받은 존재라는 사실을 확증해 준다. 당신이 이 구절들을 외우고 자주 인용해야 하는 세 가지 이유는 1) 마귀를 대적하기 위해서 2) 당신의 믿음을 하나님께 고백하기 위해서 3) 당신이 믿는 주님을 다른 사람들에게 증언하기 위해서입니다.

살아계신 주님이 당신을 사랑하신다는 사실을 절대로 잊어버리지 마십시오. 그분은 당신을 돌보아주시는 분이십니다. 그분은 당신이 무슨 일을 하건 상관없이, 당신의 삶의 모든 분야에 대해 지극한 관심을 갖고 계십니다. 그분을 신뢰하십시오. 그분에게 모든 것을 털어놓으십시오. 그분을 의심 없이 믿고, 어린 아이가 자신의 부모에게 말하듯이 그분께 기도하십시오.

그러면 당신은 곧, 사도 바울이 말한 다음과 같은 귀한 말들이 무엇을 의미하는지를 알게 됩니다: *우리는 우리를 사랑하시는 그분 안에서 넉넉히 이기는 사람들이다.* (로마서 8:37) *그분이 우리를 위하시니, 도대체 누가 우리를 대적할 수 있단 말인가?* (로마서 8:31) *우리 주 예수 그리스도로 인해, 우리에게 승리를 주시는 하나님께 감사를 드린다.* (고린도전서 15:57)

* * *

 성경에 쓰인 당신을 위한 아름다운 축복의 말씀은 이렇게 말합니다: *너희가 넘어지지 않도록 지켜 주시고, 말할 수 없는 기쁨으로 너희를 그분의 영광스런 임재 앞에 서게 하시는 능력의 그분, 곧 우리의 구원자이신 지혜의 하나님께 영광과 위엄과 주권과 권세가 지금부터 영원히 있게 되기를 간절히 바란다. 아멘* (유다서 24-25)

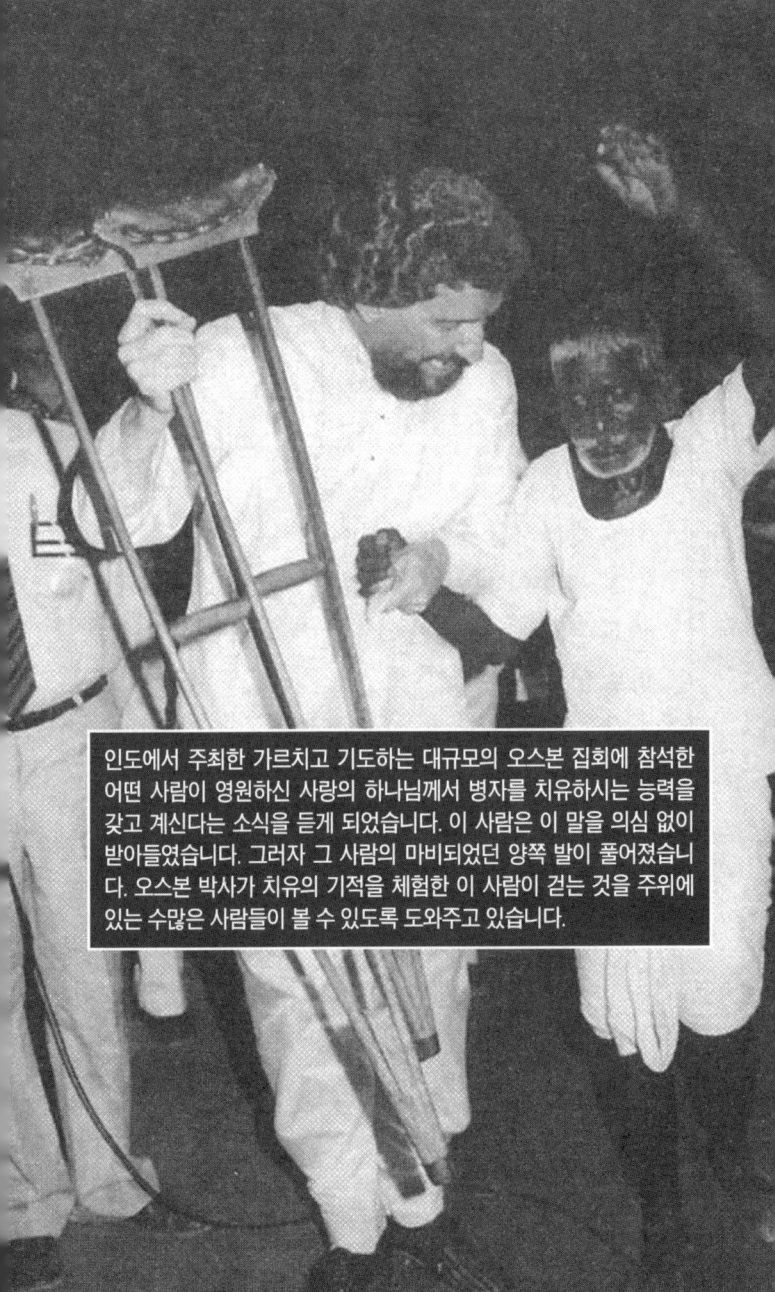

인도에서 주최한 가르치고 기도하는 대규모의 오스본 집회에 참석한 어떤 사람이 영원하신 사랑의 하나님께서 병자를 치유하시는 능력을 갖고 계신다는 소식을 듣게 되었습니다. 이 사람은 이 말을 의심 없이 받아들였습니다. 그러자 그 사람의 마비되었던 양쪽 발이 풀어졌습니다. 오스본 박사가 치유의 기적을 체험한 이 사람이 걷는 것을 주위에 있는 수많은 사람들이 볼 수 있도록 도와주고 있습니다.

창조주 하나님께서 주시는 기적 생명으로 인해 변화된 사람은 누구나 그리스도를 전하는 삶을 살아야합니다. 우리 주위에서 살고 있는 사람들 중에서 하나님께서 자신의 아들을 보내서 우리를 위해 죽게 하심으로 우리의 죄가 없어졌고, 이를 통해 어두움에서 나와 진리의 빛으로 옮겨지게 되었고, 그리스도를 친구삼아서 살아갈 수 있게 되었다는 사실을 몰라도 되는 사람은 한 사람도 없습니다.

제 23 장
기적 생명 살아가기

당신은 이제 삶의 새로운 여정을 막 시작하였습니다. 당신은 당신의 영을 살찌울 귀한 인간관계들을 새로 맺게 될 것입니다. 새 친구들을 사귀게 되고 새로운 경험을 하게 됨으로, 당신의 일상생활에 활기가 솟아나게 될 것입니다.

이제 하나님을 따라가는 삶, 하나님이 함께 하시는 모험의 삶을 살아가려면, 그래서 당신의 삶이 행복한 삶, 안전한 삶, 성공하는 삶이 되도록 하기 위해 꼭 필요한 4가지 요소가 무엇인지 알아봅시다.

* **하나님과의 관계**를 매일 맺으십시오.

하나님과의 관계는 기도로 돈독해집니다. 하나님께 매일 기도하십시오. (마태복음 7:7-12; 마가복음 11:23; 요한복음 14:12-14; 빌립보서 4:6) 다른 사람과 대화하듯, 하나님께 기도하면 됩니다. 그 이유는 그분은 당신의 가장 좋은 친구이기 때문입니다.

* **하나님의 말씀**을 매일 접하십시오.

이 말은 성경을 매일 읽으라는 말입니다. 매일 성경을 읽는다는 것은 하나님께서 매일 당신에게 말씀하시도록 하시는 것과 동일합니다. (마태복음 4:4; 욥기 23:12; 베드로전서 2:2; 디모데후서 3:16-17; 2:15) 매일 성경책을 열어 하나님의 말씀을 읽고 묵상하는 것을 습관화하십시오.

* **믿는 자들**을 매일 만나십시오.

이 말은 믿는 자들과 교제하라는 말입니다. 그리스도를 믿는 사람들을 매일 만나 대화를 나누십시오. (신명기 14:2; 시편 119:63; 잠언 2:20; 전도서 4:9-10; 말라기 3:16; 사도행전 2:42; 로마서 1:12; 고린도전서 12:12; 고린도후서 6:18; 갈라디아서 4:6; 에베소서 2:19; 요한일서 1:7) 생동감 있는 그리스도인들이 서로 교제하는 공동체의 일원이 되어, 그들과 함께 교제하십시오. 그러면 거룩한 믿음을 가진 자들이 서로 사귈 때에 갖게 되는 기쁨을 당신도 만끽할 수 있게 됩니다.

* **믿지 않는 자들**을 매일 만나십시오.

이 말은 증인의 삶을 살아가라는 말입니다. 믿지 않는 자들에게 다가가, 주님에 대해 매일 말해주십시오. (마태복음 1:17; 누가복음 19:10; 요한복음 20:21; 4:35-36) 세상을 혼동과 불안 속에서 살아가는 세상의 사람들은 하나님의 사랑과 그분의 기적 생명에 대해 알아야 할 필요가 있습니다. 하나님께서는 우리가 하나님의 자비와 은혜에 대해 다른 사람들에게 전하는 것을 통해 사람들에게 말씀하십니다.

* * *

창조주 하나님께서 주시는 기적 생명으로 인해 변화된 사람은 누구나 그리스도를 전하는 삶을 살아야 합니다.

우리 주위에서 살고 있는 사람들 중에서 하나님께서 자신의 아들을 보내서 우리를 위해 죽게 하심으로 우리의 죄가 없어졌고, 이를 통해 어두움에서 진리의 빛으로 옮겨지게 되었고, 그리스도를 친구삼아서 살아갈 수 있게 되었다는 사실을 몰라도 되는 사람은 한 사람도 없습니다.

영원하신 하나님의 사랑이 없다면, 사람들은 인생의 문제를 풀지 못한 채, 고칠 수 없는 병을 안고, 자존감이란 없이 수치심만 가지고, 평화는 없이 두려움만을 가지고 살아갈 수밖에 없습니다. 그렇게 살아가는 사람들은 참 사랑을 모르는 채 살아갑니다. 그렇게 살아가는 이들에게 희망의 빛이란 없습니다.

그리스도를 좇아가는 사람들은 누구나 할 것 없이 주님의 기적 생명을 주위의 사람들에게 나누어 주어야합니다. 그런 사람들은 복음을 알아야하고, 하나님의 빛을 받아야 할 사람들임에 틀림이 없습니다. **당신이 그리스도를 믿지 않는 사람들에게 전해주어야 할 최대의 것은 당신이 어떻게 해서 변화 받는 삶을 살게 되었는지에 대해 간증해 주는 것입니다.**

당신이 어떻게 하나님의 기적 생명을 받아, 마음에 참 평안이 넘치는 새로운 삶을 살게 되었는지에 대해 오늘부터 사람들에게 말해주기 시작하십시오.

성경은, 한 사람의 죄인 [믿지 않는 자]을 잘못된 길에서 돌이키게 하는 것은 한 영혼을 죽음에서 건져낸 것과 같다는 사실을 누구나 다 알아야한다. (야고보서 5:20)고 기록하고 있습니다.

세상에서 가장 지혜로웠던 사람인 솔로몬 왕이 다음과 같은 말을 한 적이 있습니다: *너에게 선한 일을 할 힘이 남아있는 한, 너의 선행을 필요로 하는 사람*

들에게 착한 일 해주기를 결단코 중지하지 말아라.
(잠언 3:27)

테구치갈파, 온두라스 (HONDURAS- Tegucigalpa)

오스본이 주최한 가르치고 기도하는 대규모 집회

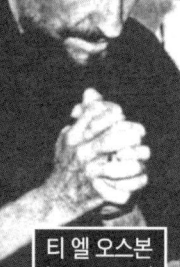

티 엘 오스본 (T.L. Osborn)

뭄바사, 케냐, 동 아프리카 (Mombasa, Kenya)

우리의 집회에서 우리가 사람들에게 영원하신 하나님의 사랑에 대해 명확하게 설명해 주자, 모든 사람들이 하나님의 사랑에 대해 반응하였습니다. 창조주 하나님의 인류를 향한 계획은 어느 곳에서나 동일합니다. 진리는 지리적 장벽, 종교적 분파 및 문화적 차이를 뛰어넘습니다.

보고타, 콜롬비아, 남 아메리카 (Bogota, Colombia)

오스본 가족의 가르침과 기도의 집회에 참석한 많은 사람들이 현장에서 일어나는 기적을 눈으로 직접 확인하였습니다. 이런 기적들은 요술이 아닙니다. 이런 기적들이 오늘날에도 일어난다는 것은, 성경에 예언된 대로, 예수 그리스도께서 다시 살아나셨다는 사실을 증명해 줍니다. 예수는 오늘도 살아계십니다. 그분은 현재에도 살아계시는 분이시기에, 오늘도 과거 1세기에 자신이 행하셨던 것과 동일한 기적을 그분께서 사람들에게 베풀고 계시는 것입니다. 자신들의 눈으로 그분의 사랑을 직접 목격한 사람들이, 하나님께 하나님의 생명 기적을 달라고 간구하고 있습니다.

교토, 일본 (JAPAN – Kyoto)

라도나 오스본 (LaDonna Osborn)

다바오, 민다나오, 필리핀 (PHILIPPINES – Davao, Mindanao)

제 24 장

당신의 결정을 문서화하기

　당신이 그리스도를 믿는 사람이 되었다는 표시로, 다음 페이지에 기록된 "나의 결정"이라는 글을 읽고 난 후, 날짜를 기록하고 당신의 이름을 적고 그 옆에 서명하십시오. 주님이 주시는 기적 생명을 받는 것은 당신이 일생을 통해 경험할 수 있는 수많은 경험들 중에서 최고로 귀한 경험입니다. 앞으로 당신은 번영하는 삶을 살게 될 것이라는 사실을 다음에 나와 있는 "나의 결정"이라는 제목의 문서화된 글이 증명해줍니다.

　당신이 성경에 기록된 약속들을 믿기로 결정하였을 때, 또한 당신이 믿음으로 예수를 받아들이기로 결정하고 예수를 영접하는 기도를 하였을 때, *하늘에서 천사가 당신의 이름을 어린 양 [예수 그리스도]의 생명책에 기록하였습니다.* (요한계시록 21:37)

　당신이 내린 결정에 관한 다음 페이지의 기록문에 서

명을 함으로, 당신의 결정이 기록으로 남게 됩니다. 만일 당신의 대적 사탄이 당신이 받은 새 생명에 대해 의문을 품게 하거든, 그 대적에게 오늘 서명한 이 문서를 보여주십시오. 그렇게 함으로 당신은 마귀를 강력하게 물리칠 수 있습니다. 당신이 그런 방법으로 마귀를 대적하면, 사도 야고보가 말한 것처럼, *마귀는 당신에게서 도망칠 것입니다.* (야고보서 4:7)

나의 결정

나는 새 기적 생명에 관한 본서를 읽었다. 나는 구원받아 변화된 삶을 산다는 것이 무엇을 의미하는지 알았다. 나는 여기에 요약되어있는 대로 하나님의 진리들을 수용하였고, 본서에 쓰여 있는 대로 기도하였다.

나는 성경에 쓰인 바대로, 예수 그리스도를 나의 구원자와 주님으로 받아들인다. 나는 오늘 왕이신 하나님의 가족의 한 사람으로 다시 태어났다. 나는 나의 모든 생각, 말 그리고 행동을 통해 그분을 기쁘게 하는 삶을 살기로 결정한다. 나는 지금부터 그분의 도움을 받아, 그분을 증거하는 삶을 살기로 결정한다. 나는 그분의 생명을 다른 사람들에게 말해주며 살 것이다.

나는 그분의 은혜를 힘입어, 그분만을 의지하며 살겠다. 나는 위와 같은 결정들 하였기에, 아래에 서명한다. 이 서명을 통해, 나는 그리스도를 믿기로 결정한 그리스도인임을 선언한다.

이름 및 서명 : _____
년 월 일 : _____

제 25 장
매일의 기도

지금 그리스도께서 당신 안에 계십니다. 사도 바울은 하나님께서 믿는 자들의 마음속에 계심과 관련하여 이렇게 말하였습니다: *하나님께서 **너희 속에서** 일하심으로, 너희가 그분에게 순종하는 삶을 살도록 도와주시고, 그분이 원하시는 일을 하도록 도와주신다.* (빌립보서 2:13)

당신이 예수를 따라 살고자 하면, 당신의 삶을 통해 당신 안에 계신 예수가 나타나실 수 있도록 하십시오.

그리고 매일 이렇게 기도하십시오.

하나님 아버지,
사람들에게 가르칠 필요가 생길 때,
나를 통하여 가르치세요.
사람들에게 진리를 말씀하셔야 할 필요가 있을 때,
나를 통하여 말씀하세요.

사람들에게 사랑을 베푸실 필요가 생길 때,
나를 통하여 사랑을 베푸세요.
사람들이 음악을 필요로 할 때,
나를 통하여 노래하세요.
사람들을 이해시켜야 할 필요가 있을 때,
사람들이 나를 통하여 듣게 하세요.
사람들이 권면을 받아야할 필요가 생길 때
나를 통하여 권면하세요.
사람들이 하나님의 선물을 필요로 할 때,
나를 통하여 선물을 받게 하세요.
사람들이 도움의 손길을 필요로 할 때,
나를 통하여 도와주시고 만지세요.
예수님의 이름으로 기도하였습니다.
아멘!

티 엘 오스본 박사 (위)와 그의 딸 라도나 오스본 박사 (아래)가 수많은 군중들이 영원하신 하나님의 기적 생명을 받을 수 있도록 도와주고 있습니다. 기도는 사람들과 교제하기를 기뻐하시는 창조주 하나님과 인간이 나누는 대화입니다. 이제껏 수백만 명이 새 기적 생명을 받아들였습니다. 당신도 믿기만 하면 지금 당장에라도 새 기적 생명을 받을 수 있습니다.

수라바야, 인도, 남태평양 (Surabaya, Indonesia)

가르치고 기도하는 오스본의 대규모 집회

헤이그, 네덜란드, 유럽 (The Hague, Holland)

우요, 나이제리아, 아프리카 (Uyo, Nigeria)

보고타, 콜롬비아, 남아메리카 (Bogota, Colombia)

히더라바드, 인도, 아시아 (Hyderabad, India)

제 26 장

보석과 같은 약속의 말씀들

다음에 적혀 있는 말씀들은
옛 성경의 거룩한 책들에서 인용된 말씀들입니다.
이 말씀들은 당신 혼자서 성경 공부를 할 때
도움을 주는 말씀들입니다.

만일 당신이 당신의 입으로 예수를 주로 고백하고, 하나님께서 그분을 죽은 자들 가운데서 다시 살리신 것을 마음으로 믿으면, 구원을 받게 될 것이다. 마음으로 믿음으로 의에 이르고, 입으로 고백함으로 구원에 이른다. (로마서 10:9-10)

사도 바울의 말씀: 나는 너희들에게 내가 전한 복음을 선포하여왔다... 그 복음을 너희가 받았고, 복음 안에서 너희가 서 있다. 만일 내가 너희들에게 전한 것을 잘 기억하고 지키면, 그래서 너희의 믿음이 헛되지 않

게 되면, 너희들 역시 그 복음으로 인해 구원을 받게 될 것이다.

내가 너희들에게... 내가 받은 것들을 전해주었는데, 그것은 다음과 같은 것들이다. [1] 그리스도가 우리의 죄를 위하여 성경에서 말한 대로 죽으셨다, [2] 그분은 무덤에 묻히셨다. [3] 그분은 성경에서 말한 대로 사흘 째 되는 날 살아나셨다. [4] 그 분은 게바에게 보이신 후, 열두 제자, 그 다음에는 500명에게 한꺼번에 보이셨다. 그 다음에 야보고에게 나타나셨고, 그 후에는 모든 사도들과 및 나 [바울]에게 나타나셨다. (고린도전서 15:1-7)

나는 그리스도의 복음을 부끄러워하지 않는데, 그 이유는 복음을 믿는 모든 사람들에게 구원을 주는 하나님의 능력이기 때문이다. (로마서 1:16)

모든 선지자들이 예수에 관해 증거할 때에, 그분의 이름을 믿는 자들은 누구든지 죄 사함을 받게 된다고 증거하였다. (사도행전 10;43)

우리가 믿음으로 의롭게 되었고, 우리 주 예수 그리스도로 말미암아 하나님과 화평하게 되었다. (로마서 5:1)

주님이 이 땅에 사시는 동안 행하셨던 기적들에 대해 기록하였던 사도 바울은 다음과 같이 말하였습니다: 내가 이것을 기록한 목적은 너희들이 하나님의 아들 예수

를 주로 믿게 되고, 그분의 이름으로 말미암아 구원을 얻게 되기를 원하여서였다. (요한복음 20:31)

예수님께서는 다음과 같이 말씀하셨습니다: 나의 말을 듣고 나를 보내신 분을 믿는 사람들은 영원한 생명을 갖고 있고, 심판을 받지 않게 되고, 죽음에서 생명으로 옮겨졌다. (요한복음 5:24)

이것은 하나님께서 우리에게 영원한 생명을 주셨고, 이 생명은 그분의 아들 안에 있다고 주장하는 말씀이다. 누구든지 하나님의 아들을 갖고 있는 자는 생명을 갖고 있고, 하나님의 아들을 갖고 있지 않는 자는 생명을 갖고 있지 않다. (요한일서 5:11-12)

너희들은 예수 그리스도를 믿음으로 하나님의 자녀가 되었다. (갈라디아서 3:26) 너희들은 구원에 대한 믿음을 갖고 있기 때문에, 하나님의 능력에 의해 보호받고 있는 것이다. (베드로전서 1:5)

하나님의 능력이 생명과 경건에 관련된 모든 것들을 우리에게 주었다... 이를 통해 우리에게 귀하고 큰 약속들이 넘치도록 주어졌다. 이 약속들이 너희에게 주어진 이유는 너희들로 하여금 하나님의 성품에 참여하는 사람이 되도록 하기 위해서다. (베드로후서 1:3-4)

하나님에게서 난 사람은 누구나 세상을 이긴다. 세상

을 이기는 이김은 이것이니 곧 우리의 믿음이다. 예수가 하나님의 아들이심을 믿은 자 외에, 세상을 이기는 자 그 누구인가? (요한일서 5:4-5)

나는 빛으로 세상에 왔다. 나를 믿는 사람은 누구나 어두움 속에서 살지 않게 된다. (요한복음 12:46)

내가 너희에게 말한다. 너희가 기도하고 요청하는 것은 그 무엇이든 이미 받았다고 믿어라, 그러면 그것들을 받게 될 것이다. (마가복음 11:24)

나를 믿는 사람들은 내가 하는 일들을 하게 될 것이고, 그보다 더 큰일들도 하게 될 것이다. 내가 내 아버지에게 가는 고로, 너희가 나의 이름으로 무엇이든지 구하면 내가 시행할 것이고, 그 결과, 아들로 인해 아버지께서 영광을 받게 될 것이다. (요한복음 14:12-13)

너희는 믿기만 하라. 믿는 너희에게는 그 어떤 것이라도 가능하다. (마가복음 9:23)

믿음이 없다면 하나님을 기쁘시게 할 수 없다. 그분에게 가는 사람은 누구나 그분은 살아 계신 분이시고, 자기를 열심히 찾는 사람들에게 상을 주시는 분이시라는 사실을 믿어야만 한다. (히브리서 11:6)

믿음은 들음으로 생기고, 들음은 하나님의 말씀으로 말미암는다. (로마서 10:17)

우리 믿음의 시작이시고 끝이신 예수를 주목하여 바라보라. 그분은 자신 앞에 놓인 기쁨을 위해서, [우리를 위하여] 십자가에서 수치심을 참으셨고, 결국 하나님 보좌의 오른쪽에 앉게 되셨다. (히브리서 12:2) 인간이셨던 그리스도 예수는 지금 하나님과 사람들 사이에서 중보자로 계신다. 그분은 모든 사람을 위해 자신을 속죄물로 드리셨다. (디모데전서 2:5-6). 그분이 그렇게 하신 이유는 모든 사람들이 구원을 얻어 진리를 알게 하도록 하기 위해서였다. (디모데전서 2:4)

우리에게 대제사장이 한분이 계시는데, 그분은 우리의 연약함으로 인한 우리의 감정 변화에 민감하시고, 모든 면에서 우리와 똑같은 시험을 받으신 분이시다. 그럼에도 불구하고 그분은 죄가 없으시다. 그러므로 이처럼 곤란한 때에, 그분의 은혜의 보좌로 당당하게 나가서 [그분이 주시는] 자비와 은혜를 받자. (히브리서 4:15-16)

구하라 그러면 받게 될 것이다. 찾으라, 그러면 발견하게 될 것이다. [구하고 찾는 것들이] 너희에게 열려질 것이다... 자녀가 밥을 달라는데, 돌을 줄 아버지가 어디 있겠는가? 자녀가 생선을 달라는데, 뱀을 줄 아버지가 어디 있겠는가? (누가복음 11:9-11)

보석과 같은 약속의 말씀들

너희가 악하다고 하더라도 너희 자녀들에게는 좋은 것을 줄줄 아는데, 하물며 하늘에 계신 너희들의 아버지께서 자기에게 기도하는 사람들에게 더 좋은 것을 주어야 할지를 왜 모르시겠는가? (마태복음 7:11)

이러한 것들을 내가 너희들에게 쓴 이유는 너희들이 하나님의 아들의 이름을 믿어, 영원한 생명을 얻도록 하기 위해서다. (요한일서 5:13)

오직 하나님만이 눈 먼 사람의 눈을 뜨게 할 수 있고, 귀머거리의 귀를 듣게 할 수 있고, 절름발이를 다시 걷게 할 수 있고, 각종 병으로 고통 받고 살아가던 사람들의 병을 낫게 할 수 있습니다. 이 여인은 그리스도의 기적 생명을 받아 아픈 다리가 고쳐졌습니다. 이 여자는 자신을 걸을 수 있게 지탱해 주었던 다리 보호대를 들어, 사람들에게 자신이 주님의 사랑과 생명을 받아들였음을 보여주고 있습니다.

라도나 오스본 박사의 인도 하에, 집회에 참석한 많은 사람들이 기적을 행해주신 하나님께 감사드리고 있습니다.

> 사랑은 이것이니, 우리가 하나님을 사랑하지 않았는데도, 그분이 먼저 우리를 사랑하셔서, 그분의 아들이 우리의 죄를 대신하도록 하신 것이다. 하나님께서 우리를 이토록 사랑하셨으니, 우리도 서로 사랑하는 것이 마땅하다. (요한일서 4:10-11)

제 27 장

사랑 편지

이 장에 실린 모든 글들은
성경에서 요한일서로 불리는 사도 요한의
첫 번째 편지글에서 인용하였습니다.

우리는 우리가 보았고 들었던 것을 너희들에게 전한다. 그 이유는 너희가 우리의 교제 안으로 들어오도록 하기 위함이다. 우리의 교제에는 하나님이 계시고 또한 그분의 아들 예수 그리스도가 계신다. (요한일서 1:3)

그분은 빛이시기에, 만일 우리가 빛 안에서 걸으면, 우리는 서로 교제하게 되고, 하나님의 아들 예수 그리스도의 피가 우리를 모든 죄에서 깨끗하게 한다. (1:7)

만일 우리가 죄 없다고 하면, 우리는 우리 자신을 속이는 것이고, 진리가 우리 속에 없는 것이다. (1:8)

만일 우리가 우리의 죄를 고백하면, 그분은 신실하시고 의로우셔서 우리를 용서해주시고, 우리를 모든 불의에서 깨끗하게 씻어주신다. (1:9)

그분은 우리의 죄를 대신하여 화목 제물이 되셨는데, 우리의 죄 뿐 아니라 온 세상의 죄를 대신해서다. (2:2)

세상과 세상에 있는 것들을 사랑하지 말라. 누구든지 세상을 사랑하는 사람은 , 그 사람 속에 아버지의 사랑이 없다. (2:15)

이 세상에 있는 모든 것들은, 육신의 정욕, 안목의 정욕, 그리고 자기 자랑이다. 이런 것들은 아버지로부터 온 것이 아니라, 세상으로부터 온 것이다. (2:16)

세상은 결국 없어진다. 정욕도 없어진다. 그러나 하나님의 뜻을 행하는 사람은 영원히 살게 된다. (2:17)

하나님 아버지께서 우리에게 도대체 어떤 방식으로 사랑을 부어주셨기에, 우리가 하나님의 자녀라고 불리게 되었는지 곰곰이 생각해 보아라. 이러한 사랑을 세상이 알지 못하는 이유는, 세상이 그분을 알지 못하기 때문이다. (3:1)

사랑하는 자들아, 우리는 하나님의 자녀가 되었다. 그러나 아직은 우리가 마땅히 되어야 할 그 무엇이 되지 못했다. 그러나 그분이 나타나실 때, 우리는 그분처럼 되게 될 것이고, 그분을 있는 그대로 보게 될 것이다. (3:2)

죄를 범하는 사람은 누구나 마귀에게 속해있다. 이는 마귀가 처음부터 죄를 범했기 때문이다. 하나님의 아들이 나타나신 것은 마귀의 일을 없애기 위해서다. (3:8)

하나님으로부터 난 사람들은 죄를 짓지 않는데, 그 이유는 그분의 씨가 그 사람 속에 있기 때문이다. 그런 사람은 하나님으로부터 난 사람이기 때문에 죄를 지을 수 없다. (3:9)

너희는 처음부터 우리가 서로 사랑하는 것이 마땅하다는 메시지를 들어왔다. (3:11)

우리가 하나님의 자녀들을 사랑하기 때문에, 죽음에서 생명으로 옮겨진 줄을 안다. 다른 사람들을 사랑하지 않는 사람들은 죽음 안에서 사는 사람들이다. (3:14)

그분이 우리를 위하여 자신의 생명을 내려놓으셨다는 사실이 이해가 되니, 하나님의 사랑이 깨달아졌다. 고로 우리도 다른 사람을 위하여 우리의 생명을 내려놓아야한다. (3:16)

세상 재물을 갖고 있는 사람이 자기의 형제 [또는 자매]가 궁핍함을 보고도 불쌍히 여기지 않는다면, 어떻게 그 사람 안에 하나님의 사랑이 거한다고 말할 수 있겠는가? (3:17)

나의 자녀들아, 우리가 말이나 혀로만 사랑하지 말고, 행함과 진실함으로 사랑하자. (3:18)

하나님은 사랑이시니, 우리가 서로 사랑하자. 사랑이 있는 사람마다 하나님에게서 난 사람이고, 하나님을 아는 사람이다. (4:7)

사랑하지 않는 사람은 하나님을 모르는 사람이다. 그 이유는 하나님은 사랑이시기 때문이다. (4:8)

하나님의 사랑이 우리에게 나타난바 되었으니, 그것은 바로 하나님께서 자신의 하나밖에 없는 아들을 세상에 보내심으로 인해, 우리가 그분으로 인하여 살아갈 수 있게끔 되었다는 것이다. (3:9)

사랑은 이것이니, 우리가 하나님을 사랑하지 않았는데도, 그분이 먼저 우리를 사랑하셔서, 그분의 아들이 우리의 죄를 대신하도록 하신 것이다. 하나님께서 우리를 이토록 사랑하셨으니, 우리도 서로 사랑하는 것이 마땅하다. 그 어느 때든 하나님을 본 사람은 없다. 만일 우리가 서로 사랑하면, 하나님께서 우리 안에 거하셔서, 그분의 사랑이 우리 안에서 온전하게 된다. (4:10-12)

그분께서 우리에게 그분의 영을 주셨기 때문에, 우리

속에 그분께서 계시고, 그분이 우리 안에서 살고 계시다는 사실을 알 수 있다. (4:13)

사랑에는 두려움이 없다. 완전한 사랑은 두려움을 내어 쫓는데, 그 이유는 두려움은 고통을 주기 때문이다. 두려워하는 사람은 누구든지 사랑으로 온전하게 될 수 없다. (4:18)

우리가 그분을 사랑하는 이유는 그분이 먼저 우리를 사랑하셨기 때문이다. (4:19)

만일 어떤 사람이, 하나님을 사랑한다고 말하면서 다른 사람들을 미워한다면, 그 사람은 거짓말쟁이다. 보이는 형제 [또는 자매]조차도 사랑하지 못하는 사람이 어찌 보이지 않는 하나님을 사랑할 수 있단 말인가? (4:20)

우리가 하나님으로부터 받는 계명은 이것이니, 곧 하나님을 사랑하는 사람은 자기의 형제 [또는 자매]도 사랑해야 마땅하다는 것이다. (4:21)

하나님으로부터 난 사람은 누구든지 세상을 이긴다. 세상을 이기는 승리는 바로 우리의 믿음이다. (5:4)

(하나님의) 아들을 소유하고 있는 자는 생명을 소유하고 있다. 그러나 하나님의 아들이 없는 자는, 생명을 갖고 있지 않다. (5:12)

내가 이것을 너희에게 쓴 이유는 하나님의 아들의 이

름을 믿음으로 영원한 생명을 갖게 된다는 사실을 너희로 알게 하기 위해서요, 그래서 너희가 하나님의 아들의 이름을 믿게 되도록 하기 위해서다. (5:12)

우리가 그분 안에서 갖고 있는 확신은 이것이니, 만일 우리가 그분의 뜻에 따라 [또는 그분이 하신 약속의 말씀에 따라] 그 어떤 것이든 구하면, 그분이 우리의 구하는 것을 들으신다는 것이다. (5:14)

만일 우리가 무엇을 구하건, 그분이 들으신다는 사실을 알게 되면, 우리가 하나님께 구한 것을 우리가 받게 된다는 사실도 알게 된다. (5:15)

제 28 장
성경적인 기독교

성경이 말하고 있는 바,
그리스도인의 믿음의 핵심이 무엇인지에 대해
쉽게 이해할 수 있도록 요약 한 글

기독교는 *인간 속에 거하는 그리스도의 생명입니다.* 성경은, **하나님께서 그리스도 안에 계셨다.** (고린도후서 5:19)고 기록하고 있습니다. 예수께서는 우리의 죄로 인해 죽으셨다가 다시 살아나신 이후에는, **우리 안에서 살고 계십니다.** (골로새서 1:27)

하나님의 원래 계획은 자기의 생명을 자기의 후손들에게 나누어 주는 것이었습니다. 그랬기에 그분은 자신이 만드신 피조물인 아담과 이브에게 자신의 숨을 불어넣어서 자신의 영을 집어넣으셨습니다. 그 결과 아담과 이브는 살아있는 존재가 되었고 (창세기 2:7), 하나님의 신적 생명을 갖고 살 수 있게 되었습니다. 그러나 아담과 이브는 불행하게도 죄를 지었고 (창세기 3:1-6), 이로 인해 죽음이 인간에게 들어왔고, 하나님과 인간과의 관계는 단절되었습니다. (에스겔 18:4; 로마서 6:23) 부모가 자녀와 관계를 맺고 싶어 하듯이, 우리와 관계를 맺고 싶어 하셨던 하나님의 열망은 이루어지지 않았습니다.

인간 최초의 죄가 범해진 이후로 인간은 하나님과 멀어진 상태에서 살 수 밖에 없었습니다. (이사야 59:2) 동물의 희생의 제사로는 인간의 죄가 온전히 씻겨져 나갈 수가 없습니다. (히브리서 10:4)

마침내, 하나님께서 자신의 아들을 이 세상에 보내심으로, 세상을 향한 하나님의 사랑을 표현하셨습니다. (요한복음 3:16) 하나님께서 자신의 아들을 인간이 저지른 죄 값으로 사용하셔서, 하나님이 인간들과 다시 연합하게 되었고, 하나님께서 사람 속에 들어와 살 수 있게 되었습니다. (요한계시록 1:5; 골로새서 1:14; 로마서 8:1; 고린도후서 5:21; 히브리서 10:18; 로마서 8:35)

이 세상에 오신 예수님께서는 삼년동안 사람들을 용서해주고, 치료해주고, 자신을 믿는 자들을 축복해 주심으로 (마태복음 9:35), 하나님이 어떤 분이신지를 사람들에게 나타내보이셨습니다. (요한복음 1:14; 14:9) 그리고 나서는 인간의 죄 값을 지불하시기 위해, 인간들이 받아할 죄를 자신의 몸에 대신 짊어지시고 (요한복음 1:29; 베드로전서 2:24; 이사야서 53:5; 시편 103:12) 십자가에서 **죽으셨습니다.** (로마서 5:8, 골로새서 1:20)

성경이 말하는 바는, 바로 인간 "나"를 죄와 죽음에서 구출해내시기 위해 그리스도께서 죽으셨다(고린도전서 15:3)는 사실을 믿으면, 하나님의 신적 생명이 내 속에 사시게 되는 선물을 거저 받게 됩니다. (로마서 6:23; 갈라디아서 2:20) **이것을 믿는 것이 기독교입니다.**

그리스도께서 죽은 지 삼일 째 되는 날 하나님께서는 그분을 다시 살리셨습니다. (사도행전 2:32; 3:15; 5:20) 다시 살아나신 그리스도는 자신을 따랐던 사람들에게 사십 일에 걸쳐서 나타나셨습니다. (사도행전 1:3) 그분이 이 땅에서 흘리신 피는 그분이 이 세상의 죄를 대신하기 위해 죽으셨다는 사실을 증명해줍니다, (히브리서 9:12, 14; 10:14; 13:20) 한편, 예수 그리스도가 다시 살아났다는 사실은 그분께서 인간의 죄를 속하시기 위하여 죽으셨고 그 결과 하나님과 인간이 화해되었다는 사실을 증명하여줍니다. (골로새서 1:20; 고린도후서 5:19) 부활하신 그리스도는 (요한복음 20:16-17), 얼마 후 다시 하나님께로 올라가셨습니다. (사도행전 1:9-10)

그리스도의 희생적 죽음으로 인해 자신의 죄가 사해

졌다는 사실을 믿는 사람에게는 하나님과 분리되었던 관계의 장벽이 무너지는 일이 일어납니다. 예수의 죽음으로 인해 인간의 모든 죄가 제거되었기에, 이제 하나님께서는 자신의 자녀들 속에 들어와 살 수 있게 되었습니다. 그래서 그분은 자신을 따르는 사람들에게 자신의 거룩한 영인 성령을 보내주셨습니다. (요한복음 14:16-17, 26; 16:13-15) 우리는 그분의 성령을 갖고 있기에, 예수가 보여주었던 능력과 동일한 능력을 나타낼 수 있고, 예수가 행한 동일한 사역을 해 나갈 수 있습니다. (누가복음 24:49; 사도행전 1:8)

우리는 이것을 기독교라고 부릅니다. 즉 기독교는 믿는 자들 속에 그리스도의 생명이 살아있는 것이고, 그 결과 하나님이 인간들과 가지시기 원했던 **인간과 하나님 사이의 관계가 회복**되게 됨으로, 믿는 자들이 *그리스도가 하셨던 사역을 지속*하는 것입니다.

오스본이 연 가르치고 기도하는 집회

티 엘 오스본과 그의 딸 라도나 오스본은 오직 한 길만을 달려왔습니다. 그들은 전 세계의 사람들로 하여금 영원하신 창조주 하나님의 사랑을 받게 하고, 인생의 목적을 발견하게 하는 사역만을 줄기차게 해왔습니다. 하나님은 모든 인류가 하나님을 알고 하나님의 참된 빛을 경험하기를 원하십니다. 오스본 가족은 이러한 거룩한 진리를 사람들이 쉽게 이해할 수 있도록 하는 일에 평생을 바쳤습니다. 하나님은 자신을 사람들이 알지 못하도록 하기위해, 신비 속에 갇혀계신 분이 아닙니다. 그분은 오히려 사랑을 갖고 자신을 사람들에게 나타내시는 분이십니다. 이러한 진리를 이해하게 되면, 이 진리를 받아들이지 않을 수 없게 됩니다. 그리고 이 진리를 받아들인 사람은 새 기적 생명을 경험하게 됩니다. 이 기적 생명은 모든 사람들을 위해 하나님이 주시는 하나님의 생명입니다.

"저희들은 하나님의 빛과 사랑 및 생명을 여러분들에게 전해드리는 하나님의 배달부입니다. 영원한 기적 생명은 하나님이 당신에게 주시는 선물이니 주저하시지 말고 **지금** 받으세요."

오스본 가족

제 29 장
당신을 위한 복된 삶

우리는 그동안 새로이 하나님을 믿게 된 사람들이 하나님이 주시는 넘치는 축복을 경험할 수 있도록 하기 위해, 도움이 될 수 있는 책들을 여러 권 집필하였습니다.

그 책들 중에서 삶에 가장 많은 도움을 주는 영감으로 가득 찬 책이 있는데, 그 책은 "복된 인생"(Good Life)이라는 제목의 책입니다. ("복된 인생"이라는 책은 믿음의 말씀사에서 2008년도에 출간 예정입니다: 역자 주) "복된 인생"이라는 책은 본서에 이어지는 책이라고 할 수 있습니다. 우리는 이 책을 전 세계에서 프랑스 언어권에 속하는 사람들에게 우선 전해주고자, 프랑스어로 맨 먼저 출간하였습니다. 우리가 그렇게 한 이유는 독자들로 하여금 하나님이 주시는 축복들에 대해 알고 경험하도록 하기 위해서였습니다. 우리는 나중에 이 책을 스페인어, 불가리아어, 중국 만다린어, 태국어 및 그 외의 다른 주요 언어들로 번역하여 출간할 계획입니다.

"복된 인생"에는 1467개의 성경 구절들이 실려 있고, 하나님을 믿는 사람들이 어떻게 살아야 그리스도인으로서 행복하고 성공된 삶을 살수 있는지에 대한 비밀들이 적혀있습니다. 이 책은 또한 그리스도인이 가져할 믿음에 관해 그리고 성경이 제시하는 주요 교리들에 대해 아주 쉽게 설명하고 있습니다. 예수를 갓 믿은 신자들이 "복된 인생"이라는 책을 읽게 되면, 성경적이고도 바른 믿음 위에 단단히 설 수 있게 되는데 큰 도움을 받을 수 있습니다.

"복된 인생"이라는 책은 그리스도인이 이 땅에서 건강하고 행복하고 또한 성공하는 삶을 살 수 있는 비법을 알려줍니다. 하나님께서는 당신이 이 땅에서 살아가는 동안, 하나님이 주시는 **최고의 축복**을 다 받아 누리시기를 원하십니다.

저명한 시편 기자는 이렇게 말하였습니다: *하나님이 주신 모든 혜택들을 잃어버리지 말아라.* (시편 103:2) *하나님께서는 바르게 살아가는 사람들에게서 축복을 빼앗아가지 않으신다... 하나님을 신뢰하는 사람은 복된 사람이다.* (시편 84:11-12)

복된 삶은 당신을 위한 삶입니다! "복된 인생"이라는 책을 여분으로 구해, 당신이 관심을 갖고 있는 사람들에게 나누어 주십시오. 그러면 아마도 그 사람은 그 책을 보고, 영적으로 엄청난 도움을 얻어, 용기를 얻게 될 것입니다. 이 책을 비롯해 다른 책들을 주문하려면 이 책의 말미를 읽어보십시오.

"하나님, 참된 빛의 근원이신 당신께서 이 책을 읽는 사람들에게 이 책의 내용을 잘 이해할 수 있는 이해력을 주십시오. 그래서 이 책을 읽는 모든 사람들이 자신이 얼마나 귀한 존재인지에 대해 하나님의 시각을 가질 수 있게 해주십시오. 독자들의 마음과 심령에 하늘의 빛을 비추셔서, 진리를 명확하게 이해할 수 있도록 해주시고, 복음 (좋은 소식)을 받아들임으로 하나님이 주시는 기적 생명을 지금 받게 해 주십시오."

티 엘 오스본과 라도나 오스본

세계인을 대상으로 하는 오스본 가족의 사역 소개

오스본 인터내쇼날 (OSBORN International)
편집자의 글

성경을 제대로 믿는 그리스도인이라면, 그리스도의 빛과 생명이 전 세계에 퍼져나가도록 하는 것을 사명으로 알고 살아나가야 합니다.

과거 60년 동안, 오스본의 가족들은 약 100여개의 나라에서 수백만 명의 사람들에게 복음을 가르쳤습니다.

티 엘 오스본(T. L. Osborn)과 그의 아내 데이지(Daisy)는 1945년에 인도에 선교사로 갔었습니다. 그러나 그 당시 그들은 그리스도가 현재에도 기적을 행하시는 분이시라는 성경적 진리를 깨닫지 못하고 있었습니다. 그들은 그 당시 다른 종교들을 믿고 있는 사람들에게 그리스도를 전하였을 때, 그리스도가 실제로 살아

계신 분이라는 사실에 대한 확신이 없이 전하였습니다.

그런데 어느 날 예수 그리스도가 그들에게 나타났습니다. 이러한 경험을 통해 그들은 성경이 전하고 있는 기적에 대해 확신을 가질 수 있었고, 하나님은 오늘날도 기적과 이사를 통해 역사하시고, 오늘도 살아계셔서 십자가에 못 박혀 죽기 전에 하셨던 일 즉 기적을 행하고 사람들에게 사랑과 자비를 베푸시는 일을 계속하고 계시다는 사실을 확실히 알게 되었습니다.

그들이 예수 그리스도를 만나는 일은 1949년에 일어난 일이었는데, 이러한 체험을 하고 나자, 오스본 가족들은 그리스도의 기적 사역을 전 세계적으로 확대해 나가기 시작하였습니다. 그러자 어느 나라에서 집회를 열건 상관없이, 그들이 집회를 연 모든 나라에서 그리스도가 초자연적으로 사람들에게 나타나는 기적들이 일어났고, 이를 통해 하나님께서는 그들이 가르치는 것이 진리임을 확증해 주셨습니다. 그들이 한번 집회를 열 때마다 적게는 2만 명, 많게는 30만 명까지 모입니다.

티 엘 오스본 박사는 1951년에 처음으로 책을 저술하였습니다. 그때 처음으로 저술한 책은 현재까지 백만 부가 팔렸습니다. 그 후, 그는 20여권의 책들을 저술하였습니다. 그의 부인 데이지 박사는 여성들을 위한 유레없이 훌륭한 책 5권을 집필하였습니다. 그의 딸 라도나 박사도 여러 권의 책들을 저술하였고, 그녀가 쓴 책은 현재 여러 나라에서 교재로 쓰이고 있습니다. 오스본 가족들의 저서들은 그동안 무려 132개의 다른 언어들로 번역이 되었고, 그들의 집회에서 나타난 기적을 서술한 책은 무려 70개의 다른 언어들로 번역이 되었습니다.

티 엘 오스본의 아내인 데이지 박사는 1995년에 소천함으로, 남편과 함께 이 세상에서 행했던 55년간의 사역을 종료하였습니다.

오늘날, 티 엘 오스본의 딸인 라도나 오스본 박사는 오스본 인터내쇼날 (OSBORN INTERNATIONAL)이라는 전 세계를 대상으로 하고 있는 복음 선교 단체의 책임 운영자 및 부총재로 재직하고 있습니다.

라도나와 그의 아버지 티 엘 오스본은 전 세계 사람들에게 그리스도의 빛을 전할 뿐 아니라 어떻게 해야 그리스도인으로 열매 맺는 삶을 살 수 있을 지에 대한 원칙들을 가르치고 있습니다. 하나님께서는 하나님을 사랑하고 그 사랑을 사람들에게 나누어주기를 원하는 사람들에 하나님의 위대한 계획과 목적을 보여주시고, 그 계획과 목적에 동참하도록 하십니다. 이러한 진리를 오스본 가족으로부터 배운 수많은 사람들이 오스본 가족의 삶을 본받아, 그들의 믿음이 증가하는 일들이 전 세계적으로 일어나고 있습니다.

오스본 가족들은 전 세계에 흩어져 사는 수백만 명의 사람들에게, 예수가 오늘날도 살아계신 분이시고, 성경은 진리라는 사실을 전해왔습니다. 그들의 사역을 가장 잘 설명해 줄 수 있는 성경의 말씀은 사도 요한이 말한 다음과 같은 말씀입니다.

우리는 그리스도의 증인이 되어, 하나님의 말씀 및 예수 그리스도께서 증언하신 것들과 우리가 목격한 것들을 기록하였다. (요한계시록 1:2) *우리는... 진리를 밝히기 위해 이것들을 기록하였다. 우리가 증언한 것들이 진리라는 것에는 추호의 의심도 없다.* (요한복음 21:24)

용어 해설

교회 또는 전체 교회 (Church) – 예수 그리스도를 믿는 전 세계 모든 사람들의 하나 된 영적 공동체

교회 또는 개 교회 (church) – 예수 그리스도를 믿는 사람들이 모여 하나님을 예배하고, 서로 교제하고, 성경을 배우는 곳

구속 (Redemption) – 하나님에 대한 반항의 결과로부터 인간을 구출하여 주시는 창조주 하나님의 행위. 하나님의 인간 구속의 결과로, 사람들이 하나님의 계획대로 인생을 살아갈 수 있게 되었다.

그리스도 (Christ) – 전능하신 하나님과 인간들이 하나로 다시 연합되도록 하기위해, 이 세상에 태어나신 하나님. 옛 선지자들에 의해 장차 이 세상에 오실 것이라고 예언되었던 분

그리스도인 (Christian) – 성경이 증거하고 있는 예수 그리스도를 믿기로 결정한 사람

그분의 말씀 (His Word) – 초자연적이신 하나님에 의해 신적 영감을 받은 사람들이 쓴 "하나님의 말씀"이라고 불려지는 구약성경과 신약 성경으로 이루어진 책, 또는 그 책 속에 기록되어져 있는 하나님께서 하신 말씀

기도 (Prayer) – 사람이 하나님과 나누는 대화

기적 (Miracle) – 영원하신 하나님께서 인간의 삶에 개입하시는 것

믿음 (Faith) – 성경에 기록된 가르침과 성경에 기록된 하나님의 약속을 진리로 받아들이고, 전능하신 하나님을 신뢰하는 것

복음 (Gospel) – 인간을 사랑하시는 하나님께서 소망 없이 살아가는 인간에게 자신의 기적 생명을 주심으로 인간의 삶이 역전될 수 있도록 하는 것에 관한 좋은 소식

복음서 (Gospels) – 예수 그리스도의 삶, 가르침, 죽음 및 부활에 관해 기록된 성경의 일부분으로 총 4권으로 되어 있다

부활 (Resurrection) – 예수 그리스도가 죽은 무덤에 안치되었고, 안치된 지 삼일 째 되는 날 주권자 하나님의 능력이 예수에게 들어가 죽은 예수가 다시 살아나게 된 것. 이 사건은 역사적으로 있었던 사건으로 성경에 잘 기록되어있다. 예수의 부활 사건은 기독교인들의 믿음의 근본이 되는 사건이고, 기독교를 다른 종교들과 차별화하는 결정적인 사건이다. 부활하신 예수는 오늘도 살아계신다.

사탄 (Satan) – 창조주 하나님을 거역한 하나님의 피조체로서, 최초의 인간인 아담과 이브를 속여 그들로 하여금 하나님을 배반하도록 한 영적인 존재.

성경 (Bible) – 2000년이라는 긴 세월동안 시대를 달리하는 40명의 사람들이 모든 피조물들을 향한 영원하신 하나님의 계획이라는 한 가지 주제를 놓고 쓴 66권으로 구성된 고대의 책

성령 (Holy Spirit) – 하나님의 영. 영원하신 하나님의 현존하시는 영적 임재 및 그분께서 나타내시는 능력.

성서 (Scriptures) – 무려 2000년에 걸쳐서, 40명의 서로 다른 사람들에 의해 기록된 옛 책으로 총 66권으로 이루어져 있다. 성경이라고 불리기도 한다. 성서는 피조물인 인간을 향한 영원하신 하나님의 계획이라는 한 가지 주제를 다루고 있다.

속량 (Remission) – 죄가 없어져서 죄를 지었기 때문에 마땅히 받아야할 형벌을 받지 않아도 되는 것

신자 또는 신자들 (Believer or Believers) – 성경이 증거하고 있는 예수 그리스도를 삶의 구원자와 주로 받아들여, 그분과 개인적인 관계를 맺고 사는 사람 또는 사람들.

심령 (Heart) – 인간이 갖고 있는 지, 정, 의를 총칭하는 상징적인 용어 (symbolic term).

십자가 (Cross) – 주후 1세기 경에 예수 그리스도를 처형한 방법과 장소를 일컫는 말. 십자가는 모든 일류에 대한 하나님의 사랑을 알게 해준다.

예수 (Jesus) - 하나님이시지만 처녀 마리아의 몸에서 태어난 아기에게 붙여진 이름. 마리아가 아기 예수를 잉태하게 된 것은 영원한 하나님이신 성령님에 의해서였다. 예수는 인간이 되신 하나님이시다. 그 분은 하나님의 목적을 이루기 위해 인간으로 태어나셨다

은혜 (Grace) -인간 자신의 죄의 정도나 하나님에 대한 반응 정도와는 상관없이, 인간을 향해 일방적으로 부어지는 하나님의 사랑.

의롭다함 받음 또는 칭의 (Justified or Justification) - 창조주 하나님과 화합되었기에 죄 없는 깨끗한 존재라는 하나님의 선언.

죄 (Sin) - 최초의 인간 아담과 이브가 하나님께 죄를 지음으로 이 세상에 태어난 모든 인간들이 갖게 된 것. 죄의 결과, 사람들은 그들을 사랑하시는 하나님과 멀어지게 되었다.

주 또는 주님 (Lord) - 영원하신 창조자이시고 모든 피조물들의 주인이신 분을 부르는 말

주 예수 그리스도 (Lord Jesus Christ) - 영원한 창조자(주)이며 인간의 몸으로 태어나신 분(예수)이시고 또한 오시리라 약속되어지신 분(그리스도)으로, 인간들과 함께 사시면서 사람들에게 전능자 하나님의 사랑과 능력을 보여주신 분

중생 또는 중생하다 (Regenerated or Regeneration) – 다시 태어남. 영적으로 재형성되거나 재창조되는 것. 중생한 사람은 하나님의 왕족의 일원으로 귀한 삶을 살아가게 된다.

증거 또는 증언 (Witness) – 예수를 믿지 않는 사람들이 하나님과 관계를 맺을 수 있도록 하기 위한 목적을 갖고, 하나님의 사랑과 그분의 기적 생명을 믿지 않는 사람들에게 전할 때, 예수를 믿는 사람들이 취하는 말과 행동

평화 또는 평강 (Peace) – 창조주 하나님과 화해하고 연합한 사람들이 경험하는 영 및 마음의 고요한 상태

피 (Blood) – 피는 영원한 창조주이신 하나님의 생명의 핵심임을 상징한다. 그 피를 예수 그리스도가 인류를 대신한 희생의 죽음을 죽을 때 흘리셨다. 죄가 없는 예수가 흘린 피로 인해 인간은 영적인 죽음이라는 판결을 면제받았다.

하나님의 아들 (Son of God) – 인간 구원이라는 하나님의 계획을 성취하기 위하여, 인간의 몸을 입고 이 세상에 오셔서, 사람들에게 자신을 나타내신 하나님.

회심 (Conversion) – 하나님의 부르심에 믿고 응답함으로 사람이 변화되는 것

오스본 가족의 저서들

행동하는 신자들 (BELIEVERS IN ACTION) - 사도적인 활력을 심어주는 책

성경적인 치유 (BIBLICAL HEALING) - 기적을 일으키는 7가지 열쇠, 50년간의 사역 경험과 및 4번의 환상 체험, 324개의 성경 구절을 담고 있는 책

승리하는 여성을 위한 5가지 선택 (FIVE CHOICES FOR WOMEN WHO WIN) - 21세기를 살아가는 그리스도인 여성을 위한 책

하나님의 사랑 계획 (GOD'S LOVE PLAN) - 하나님에 관한 놀라운 발견을 다룬 책

병자 치유하기 (HEALING THE SICK) - 고전적 가치를 지닌 생동감 넘치는 책

예수와 여인들 (JESUS and WOMEN) - 여성에 관한 중요한 질문들에 대한 해답을 담고 있는 책

생명 - 비극을 극복한 승리 (LIFE-TRIUMPH OVER TRAGEDY) -사후 세계를 체험한 사람들의 체험들을 담고 있는 책

기적 (MIRACLES) - 하나님의 사랑에 관해 증거하는 책

여성을 위한 새로운 삶 (NEW LIFE FOR WOMEN) - 여성의 삶을 재조명하는 책

교회 밖 영혼 살리기 (SOUL WINNING-OUTSIDE THE SANCTUARY) -기독교적 믿음과 인간의 존엄성에 관한 고전적인 가치를 지니고 있는 책

최고의 삶 (THE BEST OF LIFE) - 삶에 활력을 주는 7가지에 관해 설명하고 있는 책

복된 인생 (THE GOOD LIFE) - 1467개의 성경 구절을 담고 있는 작은 성경 학교에 해당하는 책

티 엘 과 데이지의 복음 (THE GOSPEL ACCORDING TO T. L. & DAISY) - 티 엘 오스본과 데이지 오스본의 삶과 사역에 관한 사진들이 실린 책

역사하는 메시지 (THE MESSAGE THAT WORKS) - 성경적 믿음에 관한 티 엘 오스본의 선언서

긍정적 소망의 힘 (THE POWER OF POSITIVE DESIRE) - 믿음이 샘솟게 하는 책

여성 신자 (THE WOMEN BELIEVER) - 여성 신자에 대한 하나님의 계획을 알려주는 책

제한 없는 여성 (WOMAN WITHOUT LIMITS) - 여성의 속을 후련하게 해주는 책

여성과 자존감 (WOMEN & SELF-ESTEEM) - 여성은 왕이신 하나님의 가족임을 밝혀주는 책

당신은 하나님의 최고 작품 (YOU ARE GOD'S BEST) - 삶을 변화시킬 만한 놀라운 내용을 담고 있는 책

역자 소개

박미가 목사는 연세대학교 생화학과, 미조리주립대 생화학과, 풀러신학교(M.Div.)를 졸업하고, 현재 아버지마음교회를 담임하며 세계 아버지마음 포럼 아시아 대표 및 아버지마음 사역강사로 활동하고 있다. 주요역서로는 치유 사역의 거장들(로버츠 리아돈, 은혜출판사), 하나님 나라의 복음(조지 래드, 서로사랑), 성령의 은사(스미스 위글스워스, 순전한 나드), 동산 안에 두 나무(릭 조이너, 은혜출판사), 열린 하늘을 통하여 하나님을 경험하라(마크 듀퐁, 은혜출판사), 부활(벤 피터스, 순전한 나드), 마귀의 책략과 교회의 승리(릭 조이너, 은혜출판사) 외 여러 권이 있다.

믿음의 말씀사 출판물 소개

홈페이지 : http://faithbook.kr
http://www.jesuslike.org

케네스 해긴의 「믿음 도서관」책들 케네스 해긴 지음 · 김진호 옮김

- 믿는 자의 권세 (생애기념판) (양장본 신국판 264p / 값 13,000원)
- 당신이 알아야 하는 신유에 관한 일곱 가지 원리 (국판 112p / 값 5,000원)
- 기도의 기술 (국판 208p / 값 7,000원)
- 인간의 세 가지 본성 (증보판) (국판 128p / 값 5,500원)
- 어떻게 하나님의 영으로 인도받을 수 있는가? (국판 192p / 값 7,000원)
- 믿음의 계단 (국판 240p / 값 8,500원)
- 마이더스 터치 (신국판 192p / 값 8,000원)
- 당신을 향한 하나님의 계획 (국판 240p / 값 8,500원)
- 하나님 가족의 특권 (국판 176p / 값 6,500원)
- 나는 환상을 믿습니다 (국판 208p / 값 7,000원)
- 하나님의 계획과 목적과 추구 (국판 224p / 값 8,000원)
- 역사하는 기도 (국판 256p / 값 9,000원)
- 병을 고치는 하나님의 말씀 (국판 184p / 값 7,000원)
- 영적 성장 (국판 192p / 값 7,000원)
- 치유의 기름부음 (국판 344p / 값 10,000원)
- 크게 성장하는 믿음 (국판 160p / 값 6,000원)
- 신선한 기름부음 (국판 176p / 값 7,000원)
- 예수 열린 문 (국판 216p / 값 8,000원)
- 믿음이란 무엇인가 (국판 64p / 값 2,500원)
- 진짜 믿음 (국판 56p / 값 2,000원)
- 기름부음의 이해 (국판 264p / 값 9,000원)
- 그리스도께서 지금 하고 계시는 일 (국판 64p / 값 2,500원)
- 승리하는 교회 (신국판 496 p / 값 15,000원)

- 믿음의 양식 (국판 384 p / 값 13,000원)
- 조에 (국판 96 p / 값 4,000원)
- 그리스도의 선물 (신국판 368 p / 값 12,000원)
- 믿음이 흔들리고 패배한 것 같을 때 승리를 얻는 법 (신국판 160 p / 값 7,000원)
- 충분하고도 넘치는 하나님 엘 샤다이 (국판 64 p / 값 2,500원)
- 그리스도 안에서 (문고판 48p / 값 1,000원)
- 새로운 탄생 (문고판 48p / 값 1,000원)
- 방언기도의 능력을 풀어 놓으라 (문고판 64p / 값 1,200원)
- 재정 분야의 순종 (문고판 48p / 값 1,000원)
- 말 (문고판 48p / 값 1,000원)
- 나는 지옥에 갔다 왔습니다 (문고판 48p / 값 1,000원)
- 하나님의 처방약 (문고판 48p / 값 1,000원)
- 더 좋은 언약 (문고판 48p / 값 1,000원)
- 옳은 사고방식 틀린 사고방식 (문고판 64p / 값 1,200원)
- 속량 - 가난, 질병, 영적 죽음에서 값 주고 되사다 (문고판 64p / 값 1,200원)
- 예수의 보배로운 피 (문고판 48p / 값 1,000원)
- 하나님을 탓하지 마십시오 (문고판 48p / 값 1,000원)
- 네 주장을 변론하라 (문고판 48p / 값 1,000원)
- 셀 모임에서 성령인도 받기 (문고판 48p / 값 1,000원)

기타 「믿음의 말씀」 설교자의 책들

- 성령의 삶 능력의 삶 (데이브 로버슨 지음 · 김진호 옮김 / 국판 480p / 값 13,000원)
- 왕과 제사장 (김진호 지음 / 국판 136p / 값 6,500원)
- 믿음의 반석 (최순애 지음 / 국판 352p / 값 12,000원)
- 새 언약의 기도 (최순애 지음 / 신국판 192p / 값 8,000원)
- 위글스워스 : 하나님과 함께 동행했던 사람 (조지 스토몬트 지음 · 김진호 옮김 / 국판 192p / 값 7,000원)
- 위글스워스 : 하나님의 능력으로 불타오른 삶 (윌리엄 하킹 지음 · 김진호 옮김 / 국판 104p / 값 5,000원)
- 승리하는 믿음 (스미스 위글스워스 지음 · 김진호 옮김 / 46판 112p / 값 4,000원)
- 스미스 위글스워스의 천국 (스미스 위글스워스 지음 · 박미가 옮김 / 신국판 320 p / 값 11,000원)

- 행동하는 신자들 (T. L. 오스본 지음 · 김진호 옮김 / 46판 112p / 값 4,000원)
- 기적 - 하나님 사랑의 증거 (T.L. 오스본 지음 · 김진호 옮김 / 46판 144p / 값 4,500원)
- 새롭게 시작하는 기적 인생 (T. L. 오스본 지음 · 라도나 오스본 지음 · 박미가 옮김 / 46판 288p / 값 8,000원)
- 100개의 신유 진리 (티 엘 오스본 지음 · 김진호 옮김 / 문고판 48p / 값 1,000원)
- 믿음의 말씀 고백 기도집 (잔 오스틴 지음 · 김진호 옮김 / 46판 136p)
- 하나님의 사랑의 흐름 (잔 오스틴 지음 · 김진호 옮김 / 46판 48p)
- 견고한 진 무너뜨리기 (잔 오스틴 지음 · 김진호 옮김 / 46판 48p)
- 초자연적인 흐름을 따르는 법 (잔 오스틴 지음 · 김진호 옮김 / 46판 96p)
- 복을 취하는 법 (R.R.쏘아레스 지음 · 김진호 옮김 / 국판 128p / 값 5,500원)
- 믿음으로 사는 삶 (코넬리아 나줌 지음 · 신현호 옮김 · 김진호 추천 / 46판 176p / 값 6,000원)
- 그리스도 안에 있는 나를 인정하기 (마크 행킨스 지음 · 김진호 옮김 / 문고판 48p / 값 1,000원)
- 여기서 머물지 말라 (크리스 오야킬롬 지음 · 김진호 옮김 / 46판 72p / 값 2,500원)

Jesus Mission Academy
예수 선교 사관학교

당신을 향한 '하나님의 계획'을 찾아 이루고 싶지 않으십니까?

당신은 인생에서 이런 것들을 원하지 않습니까?

- 당신의 삶을 향한 하나님의 최고의 계획을 찾아 살 수 있습니다.
- 셀 교회 원리를 체득하여 교회개척의 프론티어가 될 수 있습니다.
- 새 언약의 비밀인 새로운 피조물의 실체를 확실히 깨달을 수 있습니다.
- 하나님의 영으로 인도받으며 그 흐름을 따르는 법을 배울 수 있습니다.
- 성령의 삶 능력의 삶을 사는 하나님의 군대의 장교가 될 수 있습니다.

예수 선교 사관학교가 당신을 그 곳으로 인도할 것입니다.

- 열매로 검증된 강사들
- 현장 실습과 체험적 지식
- 셀 교회 선교 네트워크와 연결
- 다른 사람에게 가르칠 수 있는 내용

예수 선교 사관학교는 당신을 위해 하나님이 세우신 훈련소입니다.

'셀 교회 개척과 번식 원리' 라는 가죽 부대 안에 케네스 해긴 목사님이 세우신 미국 털사의 레마 성경 훈련소에서 가르치는 '믿음의 말씀' 이라는 새 포도주를 레마 출신 현역 사역자들이 배달할 것입니다.

Jesus Mission Academy
예수선교사관학교

경기도 용인시 기흥구 마북동 323-4
TEL : (031) 8005-8895~6
http://www.jesuslike.org